# 韓国大学改革のダイナミズム

ワールドクラス（WCU）への挑戦

馬越 徹
Umakoshi, Toru

東信堂

# はしがき

韓国との往還も半世紀近くになる。筆者が日韓条約締結（一九六五年）後に始まった留学生交流事業（韓国政府招聘留学生制度）の第二期生としてソウル大学大学院に留学したのは一九六九〜七一年である。たまたま三〇年後の新千年紀を迎えた二〇〇〇〜〇一年に、かつて学んだソウル大学の招聘客員教授として一年間、里帰りする機会に恵まれたが、そのときに見た冠岳山《クァナクサン》山麓に広がるソウル大の景観は、三〇年前の東崇洞《トンスンドン》（旧京城帝国大学跡、現在の大学路）時代のそれとは比較にならない巨大なものとして立ち現れていた。

韓国の他の大学も同様であり、全国津々浦々に林立する大学は、三〇年前の面影を探すことが難しいほどの変貌ぶりであった。一九八〇年前後に制度設計された現在の高等教育システムは、数々の試練を乗り越え世界有数のユニバーサル型高等教育を作り出し、大きな成果を挙げて今日に至っている。本書では、こうした過去三〇年あまりの間に成し遂げられた韓国大学の発展相を念頭に、二一世紀が始まってから約一〇年間の「大学改革」を取り上げ、そのダイナミズムについて論じてみることとした。

過去一〇年余といえば、一九九〇年代末に韓国をも襲ったアジア金融危機（韓国では「ＩＭＦ危機」）が想起される。ＩＭＦから支援を余儀なくされた屈辱をバネに、歴代政権は「無限競争」のスローガンの下に大胆な「構造改革」を韓国社会の各分野で進めてきた。大学も例外ではなかった。ここで注目すべきは、このＩＭＦ危機後の一〇年間は、金大中《キムデジュン》および盧武鉉《ノムヒョン》という革新系の大統領により国政が担当されてきたことである。金大中政権は「国民の政府」、盧武鉉政権は「参与の政府」を標榜し、いわゆる新自由主義的な政策には批判的な政権であったはずである。ところが実施された個々の政策についてみると、それに先立つ韓国初の文民政権（金泳三《キムヨンサム》大統領）が打ち出した「競争と選択」原理にもとづく大胆な構造改革路線を、何らかの形で継承発展させたものであったといえる。

類似の問題状況下にあった日本の大学改革と比較すると、韓国の大学改革は性急にすぎる点もなくはないが、いくつかの点で日本の先を行く先進性が見出せる。その第一は政府の高等教育政策（方針）が明確でありスピード感をもって改革が断行されてきた点、第二は国公私立の大学が加盟している韓国大学教育協議会を通じて大学改革事業（特に大学評価事業）が推進されてきた点、第三は世界水準の大学育成事業と地域の特性を生かした地方大学育成事業を両立させる政策展開をしてきた点、第四にすべての改革事業に「評価」を徹底的に組み込んできた点、等を挙げることができるであろう。

そして二〇〇七年一二月の大統領選挙に勝利し、与野党交代により翌年二月に政権の座に就いた第一七代大統領・李明博《イミョンバク》は、経済界出身だけに「CEO的大統領」を目指すと宣言し、矢継ぎ早に世界のトップクラス（グループ）を意識した諸政策を発表し、実践に移している。高等教育政策にあっては、「世界水準大学（World Class University）：通称WCU」育成プロジェクトがまさにそれに当たる。本書の副題を「ワールドクラス（WCU）への挑戦」とした所以である。

本書を通じ、われわれのもっとも近い隣国（韓国）で達成され、今後さらなる飛躍が予想される大学改革の実態を、少しでも身近なものと感じていただければ、望外の幸せである。

目次／韓国大学改革のダイナミズム――ワールドクラス（WCU）への挑戦

## 第11章 岐路に立つ大学評価体制――「適格認定制」から競争的評価へ……213

装幀　桂川　潤

# 韓国大学改革のダイナミズム——ワールドクラス（WCU）への挑戦

## <凡例>

1. 通貨の交換レートは、変動相場のため年によって異なるが、平均的レートとして、本書では1ウォン＝0.1円を使用した。
2. 各章末の参考文献中、韓国語文献は（　）内に明示し、日本語表記に直して記した。
3. 本文中の韓国人名、地名、大学名は、読者の便宜を考え漢字表記を原則とした。但し人名については、韓国語の原音（ハングル）をカタカナ表記したものや漢字名にルビをふったものも含まれている。
4. 巻末の「高等教育法」は、著者の責任で日本語に翻訳した。

# 序章　内側からみたＳＮＵ

私ごとから本書を始めることをお許し願いたい。やや旧聞に属するが、新千年紀（ニューミレニアム）の一年あまり、筆者はソウル大学（Seoul National University: ＳＮＵ）の招聘客員教授として過ごす機会に恵まれた。やはり一年を通して大学内に暮らしてみると、大学という組織体が生き物であることがよく分かる。三月が新学期の韓国では、卒業式は二月末に行なわれる。大学の行事の中でももっとも華やかな一日である。二〇〇一年二月二六日に行なわれた卒業式の日は、残雪の残るキャンパスのあちこちに花売りの屋台が並び、一足早い春の訪れを演出していた。花束を抱え色とりどりのガウン（一六あるカレッジは学位の種類ごとにフードの色が違う）を身にまとった卒業生は、家族・友人との記念撮影に笑顔がこぼれている。この年の就職率は、史上最悪と言われていたが、この日だけは別なのだろう。

ソウル大の卒業式といえば、以前は大統領が列席する国家的儀式であり、そのことをめぐってトラブルも絶えなかった。朴正熙《パクチョンヒ》元大統領は、ソウル大が冠岳山に統合移転するに際して編纂された

『ソウル大学校三〇年史』（一九七六年）の巻頭に「民族の大学」と揮毫しているように、ソウル大学は民族の「公器」として発展してきた。しかし二一世紀最初の卒業式に政治家の姿はなかった。李基俊総長は「祖国の未来と同時に、世界の未来を切り拓け、ソウル大はワールドクラス（世界水準）の大学をめざす」と卒業生を励ました。続いて音楽カレッジの女性教授による祝歌（「高い山に登ろう」）がソウル大交響楽団の演奏をバックに歌い上げられ、卒業式のハイライトである学位授与（学士三、二一七名、碩士〈日本の修士〉二、一六三名、博士四五三名）が行なわれた。

この年の卒業式で注目されたのは、一九八七年の民主化運動（大統領の直接選挙制実現のための憲法改正を求めた「六月民主抗争」）の際、拷問死した朴鐘哲（烈士）君に名誉卒業証書（学士）が授与されたことである。総長は式辞の中で「彼の犠牲により、祖国の民主化への道が切り拓かれたことを思えば、あまりにも遅すぎた卒業証書であった」と家族に詫び、新しい世紀における韓国社会のさらなる「民主化」を呼びかけた。もう一つ注目されたのは、いつも話題になる主席卒業者であるが、一六カレッジ（学士課程）のうち一一カレッジの主席を女子学生が占めたことである。翌日の新聞各紙は、とうとうソウル大も「女性天下」になってしまったと皮肉った。

# 1．問題の多い学士課程教育

## (1) 曖昧な「教養科目」の位置づけ

卒業式が終わるとすぐ新学期が始まる。三月一日の祝日（三・一独立運動記念日）の翌日から第一学期がスタートする。二〇〇一年度からソウル大では、学士課程改革の一環として、新入生の受講申請に先立ち、英語と数学の「能力測定テスト」を実施し、基準に達しない学生は授業登録ができない措置をとった。このところ全国一律の「大学修学能力試験（通称：「修能」）」の成績と高校からの内申書（「学校生活記録簿」）のみで入学者選抜を行なう制度となっており、しかもここ数年、「修能」が易しくなり弁別力が落ちているため、入学前に英語と数学のプレースメント・テストを実施する必要性が生じたらしい。超エリート大学のソウル大学にも、大学ユニバーサル化の影響が直撃しているということだろう。

英語についてはソウル大が開発し全国的にも有名なＴＥＰＳ試験（九九〇点満点で五段階方式）を課し、「３＋（五〇一～六〇〇点）」以上の者はレベルに応じて受講申請ができるが、それ以下の学生は次学期の登録までに、この基準を突破すべくＳＮＵの英語教育院およびその他の機関で学習しなければならない。ちなみに二〇〇一年度の場合、新入生の二六・四％（一、一二八名）が不合格（つまり３＋以下）となり、大きな問題をなげかけた。ソウル大ではこのところ、国際的に通用する人材の育成をスローガンに、外国語教育（英語および第二外国語）に力を入れており、一クラス二〇名以下のネイティブ・スピーカーによる教育を徹底している。

数学については、工学カレッジと自然カレッジが受講申請に先だって「能力測定テスト」を行なった結果、約八％（一一七名）の学生が基準をクリアできなかった。これらの学生に対しては「数学演習Ⅰ」および「微積分演習Ⅰ」の代わりに「基礎微積分学」を受講させ、サマースクールで再度「補修」を行なった後、第二学期から通常のクラスに配置するというきめ細かい指導体制を実施に移すことになった。

新入生がまず受講しなければならない英語や数学は、韓国で一般的に「教養科目」群に分類されている科目である。ソウル大は一九九〇年代に何度も教育課程を改訂しているが、大幅な「選択制」原理にもとづく現行教育課程(二〇〇七年度現在)の骨子は次のとおりである。すなわち卒業学点(単位)は「一三〇学点以上」であり、その内訳(科目区分)は、教養科目三六学点以上、専攻科目三九学点以上となっている。つまり一三〇学点のうち残りの五五学点は二つの科目区分からの自由な「選択」が可能となっているのである。このような構成になっているのは、後述する「複数専攻」および「副専攻」制の導入と関係している。

教養科目は、いま流行の「主題別」構成(①国語・作文、②外国語・外国文化、③文化・芸術、④歴史・哲学、⑤社会・理念、⑥自然の理解、⑦基礎科学、⑧体育)をとっている。一見するところ、⑧体育を除けば、二〇〇〇年時点でのハーバードのコア・カリキュラムを連想させる。ただ各カレッジが、これら八領域の「学点指定」を行なっているので、学生が自由に幅広く「教養科目」を選択できる体制になっているとは言えない。理系カレッジのほとんどは、「⑦基礎科学」に一八〜二三学点もの指定を行なっており、「②外国語・外国文化」は三〜六学点どまりである。一方、人文カレッジの場合は①〜④の科目に三〇学点を割り当てている。いずれの場合も、事実上は専門教育との連携を重視した履修を学生に強いている。二〇〇一年に刊行された「ソウル大学白書」でも、「……教養教育は問題点を多く抱えており、それらは解決を迫られているもっとも大きな課題の一つである」と教養教育に問題があることを率直に認めている。いくつかの授業を見せてもらったが、専門科目に比べて大人数の授業が多く、教室環境にも問題がある。このところソウル大が鳴り物入りで進めている大学院中心の「研究大学」政策のしわ寄せは、やはり教養教育にきていると言わなければならない。

## (2) 専門教育と副専攻・複数専攻の関係

では専門教育の方はどうであろうか。各カレッジの専門科目は、第一学年から受講できる「楔《くさび》型」になっている。しかし第一～二学年に履修できる専門科目は、専門基礎(講義)がほとんどであり、実際の専門科目は第三学年からである。しかも韓国の大学生(男子学生)の多くは、二学年を終了した時点で兵役に就くケースが多いため、実際には二年余の兵役ブランクの後に、専門教育をスタートすることになる。軍隊から帰ってきた学生に聞いてみると、軍と大学の「文化」があまりにも違うため、大学への再適応に一年くらいかかると言う。韓国の大学生活は、兵役により分断されているのである。

ソウル大の専門教育で特に気になるのは、九〇年代に導入されたアメリカモデルの「副専攻」、「複数専攻」制である。これらを選択した学生は、「学科を越え、カレッジ(学部)を越えて」幅広く専門科目を履修することができる利点があることは確かである。またソウル大(各学科)は、他大学に比べ比較にならないくらい豊富に開講科目を揃えているので、この制度を利用すれば専門の幅を広げられることは間違いない。しかし複数専攻や副専攻を選択しない多くの一般学生にとっては、カリキュラムの全体的構造が自由選択制となっているため、系統的・専門的履修が必ずしもなされているとは言えない。結果的に、学士課程における専門教育そのものが曖昧になっているように思えてならない。

これに関連してもう一つ気になるのは、人文・社会科学系カレッジにおける卒業論文のあり方である。卒業論文にとりかかるのは四年生の最後の学期（第八学期）からとなっており、学点（単位）にも計算されない。筆者のいた師範カレッジ・教育学科の場合は、卒業論文を重視している学科の一つと言われているが、私の見たところ「期末レポート」に近いものであり、全員（定員二〇人）の論文を集めて仮綴して閲覧している程度である。卒業論文の指導教授も、入学時に機械的に割り振られた教授が務めており、卒論指導に特別の時間を割いているようでもない。

## 2. コースワーク重視の大学院教育

一方、ソウル大の大学院は大きく変貌を遂げつつある。九〇年代を通じて「大学院中心」大学を標榜し、入学定員の調整を行なってきたため、学生構成比は学士課程と大学院課程がほぼ一対一に近づいてきている。二〇〇〇年度の学士課程入学定員四、七三九名に対して、大学院入学定員は

四、五七八名（碩士：三、三二四、博士：一、二五四）であった。最新の二〇〇七年度についてみると、学士課程入学定員（三、三三七名）は大幅に削減され、大学院入学定員（碩士三、二五二名、博士一、三二七名、計四、五七九名）が全入学定員の五七・八％を占めるに至っており、ＳＮＵは名実ともに大学院中心大学に移行している。筆者が留学生として在籍していた約四〇年前（一九六九〜七二）のソウル大学大学院は「閑古鳥が鳴いている」と言われていたことを思えば、まさに隔世の感である。

ソウル大の大学院は、コースワーク重視型であり、碩士（日本の修士）および博士の学位取得に至るプロセスは、アメリカの大学院によく似ている。コースワークが修了した後、学位論文提出資格試験を受け、それに合格すると「論文計画書の発表」（公開）から「論文研究結果発表」（公開）に至る論文執筆の過程にはいる。

筆者は二〇〇〇〜〇一年にかけて大学院の授業を一コマ担当すると同時に、コースワーク修了後の学位取得に至る一連のプロセスを参与観察するため、学位論文執筆に関連するほとんどの行事に参加してみたのであるが、同じ課程制大学院制度をとっている日本のそれとはかなり違っていることを実感した。なお、課程外博士（いわゆる「論文博士」）の制度は一九七〇年代に韓国のすべての大学で廃止されている。

まず碩士課程を修了するには二四学点（単位）以上が必要となっており、日本の三〇単位より少ない。しかし博士課程修了には六〇学点以上を取得しなければならないことになっており、この点は日本と大きく異なっている。六〇学点のなかに碩士課程の二四学点を含めることができるので、実質的には三六学点以上ということになる。日本の五年一貫博士課程の場合、修了に必要な単位は三〇単位以上となっているが、これは博士前期課程で履修することになるので、博士後期課程はいわゆる「研究指導」が中心となっており、よく言えば「論文」執筆に集中することができるが、課程制大学院の趣旨からすると研究指導のあり方次第では「空洞化」の危険を多分に有している。近年日本でも、博士後期課程のコースワークを設ける大学が増えてはいるが、実質的にはコースワーク制をとってはいないのである。

ソウル大の授業は、多くの場合一コマ三学点(一回の授業は三時間、一五回)となっているので、碩士課程学生の場合、二年間(四学期)に最低八科目を履修すればよいことになる。大学院の授業は概ね「演習」方式をとっているが、リーディング・アサインメントをどんどん課し、エッセイ(小論文)を書かせて鍛えるアメリカ方式である。一コマ三時間授業の最初の三〇分は教授の「導入(講義)」、続いて一時間程度の学生による「報告」、一五分程度の休憩をはさんで、残り時間(一時間一五分)を「討論」に当てるのが一般的である。私の授業は水曜日の一〇時から午後一時までであったが、議論好きの韓国の大学院生と遅い昼食をともにしながら、さらに一時間あまりの「討論」を続けるのが常であった。授業を始めた頃は、三時間の授業は長く感じられたが、これに慣れてくると、討論の時間を十分とることができ、日本の大学院の授業より議論を深めることができると実感した。日本の一コマ二時間(二単位)の授業は細切れにすぎ、教師にとっても学生にとっても、充足感に欠けるきらいがある。

コースワークが修了すると、いよいよ論文執筆であるが、その前に学位論文提出資格試験を受けなければならない。碩士の場合、英語、第二外国語、専攻分野、博士の場合も英語、第二外国語、基礎共通、専攻分野の試験が課される。英語はソウル大が開発したＴＥＰＳ試験が全学的に使われている。第二外国語は、ドイツ語、フランス語、中国語から一科目選択することになっており、日本語は選択の対象からはずされている。

これらの資格試験にすべて合格すると、いよいよ論文執筆となるが、「論文計画書の発表」（公開）から実際の論文提出までに、碩士の場合でも最低一学期、博士の場合は最低二学期以上かけて論文を完成させ提出する。審査本が提出されると、ＳＮＵの師範カレッジ・教育学科の場合、五名からなる審査委員会（三名は各学生の学業指導委員会を構成する教授がそのまま移行、残りの二人は学外者を含む学科外審査委員：なお、指導教授は審査委員長になれない）が構成され、最終の公開審査委員会（公開）まで、四〜五回の審査会（その都度、提出論文は修正可能）が行なわれる。

## 3. 教授と学生

筆者のいた師範カレッジ・教育学科の大学院の場合、こうした規則（「学位課程履修に関する内規」）の原型は一九七九年に作られ、その後、八次にわたる改定を経て現在の形になったようである。作成の経緯を聞いてみると、主としてアメリカの主要大学をモデルにしたとのことである。ソウル大で生活していると、何かにつけてベンチマーキングはアメリカの大学ということになるが、二〇〇一年度の教育学科の場合、教授陣二一人のうち一九人はアメリカのPh.D.所有者なので、自ずとこういうことになるのであろう。

ところがこの学位課程を運用する教授社会および教授と学生の関係は、まったく韓国的である。韓国の大学で「教授」は特別の意味をもつようであり、大学教員などという言い方は聞いたことがない。韓国の大学教授職は教授、副教授、助教授、専任講師という職位からなっているにもかかわらず、常勤の専任講師以上に任用されると、みんな自分を「教授」と名乗っている場合が多い。ソウル大学の教授ともなると一段と権威があるらしく、彼等の名刺は出入りの業者が無料で作ってくれる慣習さえある。筆者のような外国人客員教授にまで立派な名刺を、無料で作ってくれた。しかもこの教授社会には、先輩・後輩のルールをはじめ、さまざまな儒教的ヒドゥン・カリキュラムが厳存している。自分の採用に尽力してくれた教授が定年退職するまで、お弟子筋にあたる副教授は本格的な研究物(特に単行本)を刊行することを憚る習慣がいまだに生きているというから驚きである。

学生は対外的には戦闘的になることも珍しくはないが、教授に対しては従順な羊である。教授の研究プロジェクトには、徹夜も厭わず努めている。教授の方もそれを当然のことと考えているようである。但し、韓国の教授と学生の関係は、日本の講座制(教室)にみられるような教授と組織(講座所属の全学生)との関係とはやや異なり、一対一の関係が強い。したがって学位論文を出すタイミングは、教授と個々の学生との阿吽の呼吸が大事になる。うまく行けば超特急で学位が取れるし、呼吸のとり方に失敗した学生は、論文を審査してもらえないまま何年も時を過ごすことになる。

このような絶対的な権限をもつ教授の学生に対する評価は厳しいかというと、必ずしもそうではない。逆に絶対的であるから甘いとも言える。ソウル大の評価スケールは、一二段階（A・B・C・Dがそれぞれ三レベル〈＋《プラス》、0、－《マイナス》〉に点数表示されている）に細分化されており、学点（単位）取得が「可」となる評価の比率はA（二〇～三〇％）、B（三〇～四〇％）、C（三〇～五〇％）とされており、一種の相対評価である。筆者にとってソウル大（大学院）で成績を出すのは初めてのことなので、同僚に聞いてみると、ソウル大の学生は悪くてもBプラスだという。助教に聞いても、まったく同じことを言う。さいわい筆者の受講生（一一名）は、優秀な学生が多かったせいもあり、厳しくつけたつもりではあったが、ほとんどがAの範囲におさまり、一人だけB＋をつけたのであるが、同僚の言葉どおりとなった。しかしこのようなソウル大で、二〇〇〇年の一二月に学生による「授業評価」が実施された。学科長の発案により学科始まって以来の学生の教授評価が、大学院の授業に対して実施されたのである。さしものソウル大も授業改善に向けて動き出したようである。年が明けて新学期に入った二〇〇一年三月八日には、既設の教育メディア制作センターを大幅に改組した大学直属の「教授学習開発センター」がオープンし、①教授法開発、②講義改善のための授業評価支援、③e‐TL（e-Teaching & e-Learning）支援等に乗り出した。SNUもユニバーサル化時代に対応した大学教育改革に乗り出したようである。

## 4. 優れた情報インフラ

一年間SNUに暮らして、つくづく感心したのは、情報ネットワークの充実ぶりであった。さすがにインターネット大国と言われるだけに、学内のあらゆる最新情報がソウル大のウェブサイトにアクセスすればたちどころに入手できる仕組みになっている。デザインも斬新でなかなかのセンスである。

二〇〇〇年四月に筆者がソウル大にやってきた当初は、あまりに印刷情報が少ないので「不親切な」大学だと思ったのであるが、実はほとんどの情報はインターネットを通じて見れるようになっていたのである。教授も各自のホームページに掲示板をもっており、同僚・学生との意見交換ができるようになっているし、シラバスなどもホームページ上に公開されているので、学生は自由にダウンロードできる。日本でよく見かける電話帳のようなシラバスは、ソウル大には一切存在しない。各カレッジ・学科のサイトには、大学院入試の過去問題が一〇年以上さかのぼって掲載されている上、大学院入試のための必読参考文献まで紹介されている。学内の主要な食堂のメニューをはじめ、生活情報も最新のものをネット上で見ることができる。

もうひとつ感心したのは、学生の成績管理をすべて中央教育情報電算院で行なっている点である。二〇〇〇年当時、筆者が属していた名古屋大学の成績管理はまだ教務掛の手作業であったので、少々とまどったことを懐かしく思い出す。SNUでは教授は学期末、学生の成績(評価)を所定の様式にしたがって、自分の部屋のパソコンから入力し、プリントアウトしたシートに捺印または署名して教務担当助教に渡す仕組みになっていた。ソウル大ではこのようなシステムを一九九〇年代後半に導入したことにより、成績管理に従事していた学務担当職員の数を一挙に二〇％程度削減できたらしい。

またソウル大に限ったことではないが、ほとんどの韓国の大学のキャンパス内には銀行・郵便局があり、キャッシング・コーナーは数十ヶ所に設置されていてたいへん便利である。二〇〇〇年時点でのソウル大の寄宿舎（大学院既婚者用二〇〇部屋を含む二、九三三部屋）や奨学金制度（受給率：学士課程四一％、大学院課程五七％）はかなり充実しているといえる。また学内には、「賃貸」と称する食堂やホテル用の設備があり、ソウル市内の有名ホテル・レストランがテナントとして入り、品質の高いサービスを提供しているのも、日本の大学にはみられない魅力である。

以上は、招聘客員教授として内側からみた約九年前のSNUの風景であるが、冠岳山麓に展開するソウル大の生活リズムは、基本的には当時と変わっていないであろう。韓国の大学文化を身近に感じていただければと思い、本論の導入として旧聞を記した次第である。

**【参考文献】**

1　馬越徹『韓国近代大学の成立と展開――大学モデルの伝播研究』名古屋大学出版会、一九九五年（第5章で、解放後における「ソウル大学設立過程」を扱っている）。

2　馬越徹「ＳＮＵの一年――「民族の大学」から「世界水準の大学」へ」、『ＩＤＥ：現代の高等教育』四二八号、二〇〇一年五月、六一－六七頁。
3　Seoul National University, *College of Education: 2004-2005* (2005).
4　ソウル大学『ソウル大学要覧二〇〇八年版』二〇〇八年（韓国語）。

# 第1章　新世紀の大学改革――金大中《キムデジュン》政権（「国民の政府」）時代

二〇〇〇年の韓国は、盆と正月が一緒にきたような一年であった。六月の劇的な南北首脳会談に続くシドニー・オリンピックでの南北同時行進、そして金大中大統領のノーベル平和賞受賞とアセム（ＡＳＥＭ）首脳会議のソウル開催と続き、世界の耳目を朝鮮半島に引きつけた。金大中大統領はその思いを、はやばやと解放記念日（八月一五日）の祝辞で「二一世紀は韓半島の世紀」と謳いあげた。五年任期の後半に入った金大中政権は、「歴史に残る大統領」を意識した改革を矢継ぎ早に打ち出していた。

そして暮れも押し迫った一二月末、予算国会の最終盤において、教育部の名称変更（教育人的資源部）と新長官の副総理格上げ案件が可決された。これは二〇〇〇年四月の総選挙（国会議員選挙）における政権与党の公約であったが、そもそもの発端は一九九七年末に韓国を襲ったアジア金融危機（通称「ＩＭＦ危機」）にさかのぼる。それは、「漢江の奇跡」と称えられた経済成長によりＯＥＣＤ加盟（一九九六年）を果たした韓国（金泳三《キムヨンサム》政権）が、その直後の一九九七年、アジア諸国を襲った金融危機に耐え切れず、気がついてみたら外貨が底をつきＩＭＦの支援を仰がねばならなくなったという屈辱の体験である。

このＩＭＦ危機の直後に誕生した金大中政権は前政権の負の遺産を逆手にとって、「構造調整」という名の改革を果敢に実施した。その結果、わずか二年足らずで「ＩＭＦの優等生」といわれるまでに経済を回復させたのであるが、爾来「構造調整」は、ひとり経済界にとどまらず社会のあらゆる分野で改革を促す「殺し文句」となっている。高等教育の分野においても、「構造調整」が叫ばれ続けている所以である。

金大中政権が進めてきた構造調整は、これまで政府の保護のもとで成長してきた産業構造にメスを入れることにとどまらず、グローバル時代を勝ちぬいていく新たな人材の必要性を強調していることが特色となっていた。次々に刊行された政府の報告書は、決まり文句のように二一世紀を「知識基盤社会」と規定し、大競争時代に太刀打ちできる高度な資質を身につけた人材の養成を力説していた。したがって、改称された「教育人的資源部」は、一見するところ旧来のマンパワー・ポリシー型の官庁のような印象を受けるが、二一世紀対応の新たな人的資源の開発を目標にしていることは明らかであった。これまでのような「ひたすら働き続ける労働力」に頼った経済構造は瞬時にして崩壊する危険性があることを、韓国はＩＭＦ危機から学んだといえる。改組に伴い副総理となる教育人的資源部長官は、「人的資源」をめぐる政府各部署との調整に当たることが予定されていることからも、その意気込みが伺えた。

# 1. グローバル化への対応

## (1) ユニバーサル・アクセスへの道のり

このような国家の危機管理という観点から、高等教育改革も進められてきたが、そのキーワードは「国際競争力の強化」であった。別の言葉で言えば「エクセレンス(excellence)」の追求ということになる。なぜかと言えば、韓国高等教育は量的にみると、次に見るようにすでに世界の最高水準に到達し、これからの目標は拡大した大学教育の「品質管理」に移らざるを得ない事情があるからであった。

韓国では、過去四〇年におよぶ「高校平準化」政策(国・公・私立一律)により、同年齢人口の九九・五%の者が高校まで無試験で進学してくる。つまり一八歳になるまで「冷却装置」がない中等教育システムのおかげで、大学進学熱は一八歳で一挙に爆発することになる。誰もがソウルの一流大学への進学を考えるお国柄からして、国民の教育熱を抑え込むことは至難に近い。特に、九〇年代に初めて登場したいわゆる文民政権は、国民の民意に沿った政策展開を公約に掲げていたため、「準則主義」という名のもとに大学の設置認可基準を大幅に緩和した。その結果、一九九一年に一三三校であった四年制大学が、一〇年後の二〇〇〇年には一九三校と、わずか一〇年の間に五〇校もの四年制大学が新設されたのである。さらに一九九八年から短期高等教育機関としての「専門大学」

（二〇〇〇年現在一五八校）の呼称自由化が認められ、多くの専門大学が「専門」の二字を冠さない「〇〇大学」の呼称を使い始めたため、全国津々浦々まで大学が林立した感がある。

このような韓国高等教育の拡大ぶりを二〇〇〇年の教育統計（韓国の場合「要約教育統計：二〇〇〇」、日本の場合「文部統計要覧」平成一三年版）によって日韓比較してみると、大学進学率（高校卒業者のうち大学に進学した現役進学者の比率）は、日本の四五・一％に対して、韓国は六七・九％という高い比率となっている。韓国の場合、大学進学率が五〇％を超え、いわゆる高等教育のユニバーサル段階に入ったのは一九九五年であるが、その後も進学率は伸び続けている。日本は一九九五年から二〇〇〇年までの五年間に約六％ほどしか上昇していないのに対し、韓国は一八％も上昇しているのである（但し、日本の場合、専門学校への進学者を含めれば、二〇〇〇年の進学率は六二・三％となる。）。もう一つの指標として、二〇〇〇年の大学院生数についてみると、韓国の二二万九千人に対し、日本のそれはこのところ増加傾向にあるとはいえ二〇万五千人にすぎず、絶対数において韓国の方が勝っている。人口比から単純計算すると、韓国の大学院進学者は日本の三倍を超えることになる。

このように韓国の「高学歴」志向はとどまるところを知らないようにも見えるが、ここにきて転機が訪れようとしている。それは韓国でも顕著になっている少子化が、二〇〇〇年あたりから一八歳人口にも影響し始めており、数年後には大学入学定員の方が志願者数を上回る大学過剰時代が目前に迫ってきたことである。すでに二〇〇〇年時点で地方大学の一部では定員割れが出始めており、大学の生き残り戦略はすでに熾烈化したのである。

## (2) 国際競争力強化に向けた改革戦略

ＩＭＦ危機を教訓に、金大中政権がまず取り組んだのは国際競争力強化の戦略を樹立することであった。やれる政策は一刻も早く、何からでもやるというのが政府の方針であった。高等教育関連事業としては、世界水準の大学院大学育成と大学内ベンチャー企業が注目された。

まず政府が大学の国際競争力強化の切り札として取り組んでいるのが「頭脳韓国(Brain Korea)二一世紀事業」(通称ＢＫ21)である。もともとこの事業は、金大中政権発足と同時に立案され、当初はソウル大学を世界レベルで競争力のある大学に育成するために、五年間(一九九九〜二〇〇三年)に一兆四千億ウォン(約一、四〇〇億円)を集中投入する計画であったようである。ところがこの計画には、財源難に苦しむ全国の大学から猛反対が起こり、全国の大学を対象にした、より包括的な七ヶ年計画(金額は同額の一兆四千億ウォン：年間二、〇〇〇億ウォン＝二〇〇億円)に修正された経緯がある。結局、全国の大学から「公募方式」により、四分野(①科学技術、②人文社会科学、③地方大学育成、④特定研究分野育成)、計六九プロジェクト(韓国では「事業団」といわれている)が選定された。しかし実際には、この事業の目的が「世界水準の大学院」育成におかれていたため、競争力のある二〇校前後の有力大学に事業団は集中し、結果的に初年度予算の四五%に当たる九〇〇億ウォンがソウル大学に配分されることになった。いずれにしても、二〇〇〇年時点における「学術研究助成金」の規模が年間一、〇〇〇億ウォン(約一〇〇億円)前後であった韓国高等教育界にとって、研究目的に特化した年間二〇〇〇億ウォン規模の研究費助成は、空前の出来事となったのである。

ＢＫ21の特色の第一は、特定研究分野を「世界水準」にすることにおかれていたため、特に科学技術分野（二六事業団）では、分野ごとにベンチマーキング大学（その分野における世界の最優良大学）とそれに準ずる協力大学を指定して、研究協力関係（著名教授の招聘、大学院学生の派遣、共同研究の推進等）を結ぶことになっていた。ちなみにベンチマーキング大学に指定されている九八校のうち九二校はアメリカの大学であり、協力大学（一一二校）の約七〇％（七八大学）もアメリカの大学となっている。第二の特色は、研究費の集中配分の条件として大学改革項目が組み込まれており、その実績を評価して次年度の予算が配分される仕組みになっていた点である。すなわち大学院中心の「研究大学」への移行措置として、①学部学生定員の削減、②大学院の門戸開放（他大学出身者を五〇％以上受け入れる）、③教授の研究業績評価制の実施と昇進・昇給のリンク、④入試制度の改善（専攻別募集の廃止）、等が条件として課されていたのである。第三の特色は、この事業の核心が若手研究者の養成におかれている点である。教育部の作成した「ＢＫ21ハンドブック」によると、総経費の七〇％程度を若手研究者（ポスドク・大学院生）に対する研究奨励金、研究助手（ＲＡ）の雇用、海外研修・留学に当てることが明記されている。ソウル大学の場合、大学院生（約七、〇〇〇名）の七四％に当たる五、二〇八名がこの事業に参加し、何らかの研究費支援を受けていた。ちなみに、支援金額は修士課程の場合月額四〇万ウォン、博士課程の場合六〇万ウォン、ポスドクの場合年間契約で一、五〇〇万ウォン程度である。実際問題、彼らは研究課題の実質的な推進者であり、指導教授のもとに数名の大学院生のチームを作り、報告書作りから事業団の運営（ウェブサイトの管理、研究会・国際会議の準備等）まで一手に引き受けているのである。

ただ、このBK21事業に対しては、①特定大学（学科）優遇、②理工系（応用分野）偏重、③人文社会系軽視、④基礎科学研究の軽視、等の批判が根強く、特に研究インフラ整備の遅れている地方大学や私立大学からは、いまだに強い反発がある。「世界水準」の大学を数校作り、それを牽引車にして韓国の学術研究の裾野を広げていこうとするBK21戦略が効を奏するかどうかは、第一期事業（最初の五年間）が終了した段階でも、まだ定かではなかった。

大学の競争力強化策として第二の切り札として取り組んでいるのは、大学内ベンチャー企業の育成であるが、これを支援したのは中小企業庁であった。同庁が音頭をとって成立させた「ベンチャー企業育成特別措置法」（一九九七年八月二八日）にもとづき、次々に関係法令を改正し、大学内にベンチャー企業を設立する各種の優遇措置を講じてきた。その結果、折からのIMF危機も手伝って、いわゆる大企業から大学内ベンチャー企業（出身研究室）にUターンする高学歴人材が急増した。中小企業庁の支援により、全国のほとんどの大学にはビジネス・インキュベータ（韓国では「創業保育センター」）が設立され、「技術と事業性はあっても資金・場所・施設確保が困難な創業者」に、施設や経営のノウハウを提供し、創業に伴う危険負担を軽減し、創業事業が安定するまで支援してきた。このような「起業」支援は学生に対しても行なわれており、中小企業庁は「大学生（大学院生をふくむ）等のためのベンチャー企業創業資金運用要領」（一九九九年九月一三日）を公示し、ベンチャー人材の育成を支援してきた。

大学内ベンチャー企業の中には、本格的な企業に成長しているものもあり、二〇〇〇年五月ソウル大学医学部教授が代表理事を務めるベンチャー企業（マクローゼン社）が、一〇万株（総株式の三・一％：時価総額八六億ウォン＝約八億円）をソウル大の大学発展基金に寄贈し話題を呼んだ。教授は「このベンチャーはソウル大の社会的信用のもとで成長してきたので、韓国人が行なうゲノム研究のために役立ててほしい」と寄付の趣旨を述べている。ソウル大には二〇〇〇年時点で一〇〇以上のベンチャー企業があると言われていたが、各大学とも競って大学内ベンチャー企業の育成を支援している。学生（大学院生）がグループで設立しているベンチャー企業も急増している。大学の書店の話では、中小企業庁ベンチャー振興課長の書いた『ベンチャー創業から上場まで』（一九九九年）という本が、学生たちの隠れたベストセラーになっていたらしい。

しかしこうした大学の「企業化」は、一方で問題もはらんでいると言える。いわゆる研究大学（特に理工系）の優秀な教授ほど、ベンチャー企業設立への「誘惑」が内外からあり、優秀な大学院生ほど大学内ベンチャー企業の実質的「社員」として期待されている。教授も学生も「寝る間もないほど忙しい」と言う。こうなると、大学本来の基礎研究や教育業務が軽視される危険性が少なくない。ベンチャー企業は大学にとって「諸刃の剣」であるとも言える。

### （3）国立大学に改革のメス

大学の競争力強化に向けて政府が放った第二の矢は、国立大学に向けられた。韓国の国立大学は、二〇〇〇年時点では、四年制大学一九三校のうち四四校（約二三％）、しかも特別な目的を持って設置されている教育大学（一一校）、産業大学（八校）、放送通信大学各一校を除けば、一般的な四年制国立大学はわずか二四校にすぎなかった。この二四校に在籍する学生数は、全大学生数の一六％にすぎなかったのである。

にもかかわらず政府がこれら二四校に的を絞って「国立大学発展計画案」（二〇〇〇年七月）という名の改革案をぶつけてきた背景には、ＩＭＦ危機以来国家的課題になっている「構造調整」（Structural Adjustment）が、国立大学にあっては産業界に比べて遅々として進んでいない現状に業を煮やしたからである。同時に、この計画案には、韓国高等教育の全体的な構造改革をもうながす意図が含まれていた。そのことは、この計画案に反対する「全国大学教授協議会」が、国立のみならず公・私立大学教授の参加をも得て、八月中旬に早々に発足したことからも明らかである。

この計画案は、短期・中期・長期の目標を掲げ、一〇年計画でこれを実現しようとするものであるが、次の三点においてこれまでにない厳しい改革内容が含まれていた。第一は国立大学の統廃合の推進である。まず、国立大学をその役割・機能に即して、①研究中心大学、②教育中心大学、③特殊目的大学（教員養成、海洋・水産、体育等）、④実業中心大学（産業大学）、の四類型に分け、各類型に固有の役割を果たす大学には国家が積極的な支援を行なうが、そうでない場合には私立大学との自由競争を原則とするという方針である。そして全国を七ブロック（圏域）、すなわち首都圏、江原、忠清、全羅、釜山・慶南、大邱・慶北、済州に分け、大学内の類似学科は言うまでもなく、ブロック内の重複学科の統廃合、ひいては大学自体の統廃合も積極的に行なうというものであった。これを推進するために、各ブロック（圏域）に「圏域別国立大学委員会」をおき、大学間の協力体制を構築することを骨子としていたのである。

第二の特色は、大学の意志決定構造を含む管理運営体制の抜本的見直しである。すなわち、国立大学を「責任運営機関」(autonomous institution)とし、大学総長は教育部長官と「経営契約」を結び、組織・人事・財政等の面で独自の権限を持って自律的な大学運営に当たることができるようにする。しかしこれには条件がついており、総長選出を現行の直接選挙制から教育部内におかれる「総長候補者選出委員会」による公募制に切りかえると同時に、学内の意志決定機構も現行の教授中心の閉鎖的意志決定機構から地域社会の有識者を加えた「大学評議委員会」が当たるように改革するという内容であった。

第三の特色は、教育・研究面での競争力を高めるため、「評価体制」を積極的に導入しようとしている点である。具体的には、①教授契約任用制（新任教員から導入）、②教授業績評価制（「研究中心教授」と「教育中心教授」とに分け、それぞれインセンティブをつける）、③教授年俸制（基本年俸＋業績年俸）、④優秀教授（「研究教授」と「教育教授」に区分して）優遇制、等を内容としていた。

以上が改革案の概要であるが、これらの改革内容は既存の国立大学のあり方を抜本的に変えるのみならず、九〇年代の文民政権になって久方ぶりに回復した大学自治制に真っ向から対立する要素を含んでいるものであっただけに、国立大学関係者の多くは改革案に対して概して批判的であった。

その後の国立大学改革については、第6章で詳しく紹介する。

## 2. 私立大学の生き残り戦略

韓国の私立大学は「生き残り」をかけて、どのような戦略を立てているのであろうか。韓国の驚異的な高等教育拡大を支えてきたのは、ほかならぬ私立大学である。ところがこれからは大学過剰時代がくることが予想されており、韓国の私立大学は正念場を迎えているといえる。

### (1) 伝統私学のブランチ・キャンパス展開

もともと韓国では、伝統ある私立大学のステータスは日本の私大とは比べものにならないくらい高い。それは一九世紀末から二〇世紀初頭の近代学校創設期に、事実上日本の支配下にあったため、本来なら国公立学校設立に向かうはずのエネルギーが、すべて私立学校設立に向けられたという事情がある。私立御三家と言われる延世大学、高麗大学、梨花女子大学は、いずれも一九世紀末に起源を持つソウルの伝統私学である。これらの他にも李氏朝鮮時代の国学・成均館(現在は私立大学)を初め、ソウルにはすでに日本統治期に高等教育機関(専門学校)としてスタートしていた漢陽大学、中央大学、東国大学、解放(一九四五年)直後に設立された慶熙大学、建国大学、檀国大学、弘益大学、さらには一九六〇年に設立され急成長した西江大学等、名門私立大学が目白押しである。

これら歴史と伝統を誇るソウルの伝統私学は、国民の異常なまでの「ソウル志向」とあいまって、歴代政府のさまざまな統制（入学者選抜・授業料等）にもかかわらず、常に全国の高校生をひきつけると同時に、高等教育改革の面でもその牽引車であり続けてきた。したがって一九八〇年代の高等教育拡大期にも、その名声にものを言わせて全国各地にユニークなブランチ・キャンパスを設立していったのである。最近では、ブランチ・キャンパスの方から総長が選ばれるケースも出てきている隆盛ぶりである。ソウルの名門私大のブランド（卒業証書）がほしい学生たちは、ソウルの本校への入学が叶わなければ、地方国立大学よりも名門私大のブランチ・キャンパスへの入学を望むといわれている。

このようなソウルの伝統私学の強みは、常に互いが競争していることであり、これまで各種の大学改革には、国・公立大学に先駆けて取り組んできた実績がある。そのことが大学の競争力をさらに高める結果になっているといえる。近年マスメディア（「中央日報」）が行なっている大学ランキング調査においても、これらソウルの伝統私学は、国家が特別扱いで創設したソウル大学と韓国科学技術大学を除けば、常にトップテンを独占しているのである。ちなみに八〇年代に設立されたソウルの伝統私学のブランチ・キャンパスを次に挙げておきたい。

延世大学：原州キャンパス（江原道）
高麗大学：瑞倉キャンパス（忠清南道）
成均館大学：水原キャンパス（京畿道）

中央大学：安城キャンパス（京畿道）
漢陽大学：安山キャンパス（京畿道）
東国大学：慶州キャンパス（慶尚北道）
慶熙大学：水原キャンパス（京畿道）
建国大学：忠州キャンパス（忠清北道）
檀国大学：天安キャンパス（忠清南道）

### （2）競争力をつける地方有力私立大学

このようなソウルの伝統私学に対して、地方の有力私学も負けてはいない。首都近郊（京畿道）や大規模な地方都市（釜山、仁川、大邱、光州）、さらには中規模都市（蔚山、浦項、春川等）にも、有力私学があり、それぞれの地域の国立大学やソウルの伝統私学のブランチ・キャンパスとの競争にしのぎを削っている。地方有力私学のうち、解放後の比較的早い時期（一九五〇～六〇年代）に大学の認可を受けた東亜大学（釜山）、啓明大学・嶺南大学（大邱）、朝鮮大学（光州）、仁荷大学（仁川）等は、大規模総合大学に発展しているが、ここで注目したいのは、八〇年代の急増期に設立され歴史は浅いながら、急成長している大学群である。

例えば、浦項製鉄が韓国のＭＩＴを目指し、資金力にものをいわせて工学分野に特化して設立した浦項工科大学（一九八六年）は、「中央日報」の大学ランキング（総合順位）で、ここ五～六年常に韓国科学技術大学と第一位と第二位を交互に分け合う一流大学にのし上がってきた。また七〇年代の経済成長期に財閥の支援により工科大学として設立され、八〇年代に総合大学に発展した蔚山大学（蔚山：現代財閥）や亜州大学（水原：旧大宇財閥）も、ソウルの伝統私学に匹敵する成果を上げつつある。さらには八〇年代に設立された仁済大学（金海・釜山：一九八四）や翰林大学（春川：一九八七）は大学の歴史は浅いが、六〇年代の西江大学のように研究（教授陣）・教育の質的充実が著しく、最近その評価が急上昇中である。このような競争力のある大学に共通して見られるのは、財政的基盤がしっかりしていることと、経営者・総長に大学経営に見識を持った人物が就任しており、強力なリーダーシップを発揮していることである。

### （3）定員充足に苦悩する新興地方私立大学

これに対し九〇年代半ばに準則主義の名のもとに大学設置が「自由化」され、かなり緩やかな基準で設置認可された新興地方私立大学は苦戦している。学生定員を満たすことすらできず、開学早々に経営危機に陥っている大学もある。その大きな原因として、ここ数年政府が進めてきた「編入学（トランスファー）」政策がある。

編入学政策は、文民政権下の一九九五年以来、いわゆる「需要者（学生）中心」政策の一環として打ち出された。すなわち、学生の適性を一八歳時の一回の選抜試験で決めてしまうのはそもそも無理であり、選抜方法を多様化する上からも編入学は有益であるとの判断にもとづき、政府は大学入学後の学生(二~三学年)の「編入学」を積極的に認める政策を取った。編入学定員枠を大学ごとに定め、その枠を年々拡大してきたのである。一九九八年の場合八万人まで拡大したところ、二四万人もの学生がそれに殺到し、さながら「第二の入試」の様相を示した。これに応募した学生は、やむを得ず地方大学(特に新興私学)に入学した学生たちであったことは言うまでもない。したがって応募者のほとんどは、ソウル・首都圏の大学への編入学を目指すことになる。韓国人の「ソウル志向」が編入学でも現れたことになる。これで影響を受けるのは地方大学で、地方大学の教員有志が行なった調査報告書によれば、一九九六、九七年の両年に編入学により学生が「流出」したことで生じた地方大学の財政的損失は、三三一億ウォン(約三三億円)に達すると試算された。また地方大学に入学するや否や、ソウルの大学への編入試験準備に取りかかる学生も少なくないと言われ、そのような学生のための予備校が積極的な営業を展開した。このような学生が編入準備のために予備校に支払った金額だけで、年間二、五〇〇億ウォン(約二五〇億円)にもなるという調査結果が発表され話題になった。結局のところ、編入学は「貧益貧・富益富」現象を招いたことになる。このような副作用に気づいた教育部は、一九九九年から編入学定員を各大学の入学定員の五%以内に縮小し、二年次での編入学を認めない措置を取ったが、編入学そのものを否定してはいないので、学生のソウル志向はその後も続いている。新興地方私立大学は今後ますます窮地に陥ることが予想される。

こうした新興地方私立大学の中には、学園(理事会)の内紛や経営危機で、教育部から閉鎖勧告を受けている大学も出てきている。全羅南道のK地方裁判所は、同地域の小都市に立地するH大学の学生二四人が「教育環境が悪く学習権を侵害された」として学校法人を相手に起こしていた損害賠償請求訴訟に対し、二〇〇〇年末学生勝訴の判決を下し、学校法人に対して「学生一人当たり三五〇万ウォンから五〇〇万ウォン（約三五万〜五〇万円）の支払い」を命じたのである。このような判決は、韓国大学史上初めてのことだけに、関係者に衝撃を与えた。拡大に拡大を重ねてきた韓国の私立大学は、いま最大の危機に直面しているといわねばならない。

## 3．短期高等教育の可能性

### (1) 専門大学、サイバー大学の挑戦

このような新興地方私立大学をさらに脅かしつつあるのは、二〇〇〇年時点で全国に一五八校（在学者：約九一万人）を数える専門大学の存在である。冒頭にも記したように、専門大学は二〜三年制の短期高等教育機関であり、一九七九年に当時の専門学校を一挙に「大学」に昇格させて成立した。それまで韓国では短期高等教育機関として「初級大学」があったが、解放後三〇年間ほとんど学生をひきつけることができなかった。一つには韓国人の「上昇志向」とでも呼ぶべき志向性が原因していたと思われるが、もう一つには短期高等教育に対する社会的需要がなかったことが不振の大きな理由であった。ところが七〇年代半ば以後の韓国の高度経済成長のもとでは、中堅マンパワー（テクノロジスト、テクニシャン）を大量に必要とするようになった。それに目をつけた政府は、専門学校

を一気に「大学」に昇格させるという当時としてはやや無謀とも思える政策転換により、短期高等教育活性化への道筋をつけたといえる。爾来、専門学校は急速な伸びを見せ、全国ほとんどの中小都市にいたるまで設置されており、学校数では四年制大学とほぼ同数、学生数でも高等教育人口の約三〇%を占めるまでに成長してきたのである。

特に最近では、その専門職業教育および資格取得に伴う就職率のよさが人気を呼び、情報を中心とする工学分野および医療分野などにおいては、大学とのダブルスクール現象および大卒者の専門大学再入学という現象も珍しくなくなってきている。その証拠に、一九九九年度の入学定員に対する志願者の割合は五・二八倍という高率になっており、その人気ぶりが伺えた。しかも一九九七年度から、卒業者には「専門学士」の称号が授与されることになり、一九九八年からは先に述べたように大学名称の呼称自由化措置により、「専門」の名を冠しない「〇〇大学」の看板を掲げることができるようになったのである。晴れて専門大学の学生は、「専大生」ではなく「大学生」になった。ここにも四年制大学との「棲み分け」ではなく、対等化を目指す韓国社会の「上昇志向」性を垣間見ることができる。四年制大学といえども安閑としてはいられない時代が到来したことは確実であり、韓国高等教育は大競争時代に突入したといえる。

## (2) 生涯学習大学としての「遠隔大学」

こうした大学のサバイバル競争に拍車をかけるもう一つの政策が二〇〇〇年一二月一日付けで教育

部から発表された。いわゆるサイバー大学の設置認可である。当初この大学は、高等教育法（一九九七年一二月制定）に定める大学（大学、産業大学、教育大学、専門大学、放送通信大学、技術大学）ではなく、生涯教育法（韓国名は「平生教育法」）に定める教育機関として認可されたものであり、それに高等教育法を準用して学位を与えるというものであった。二〇〇一年三月に開校された大学名称は、サイバー大学（計七校）、デジタル大学（計二校）であった。設置形態も、前者の場合、大学コンソーシアム（四大学の財団法人が共同運営）、学校法人、財団法人とまちまちであり、後者の場合は私人（三星電子代表理事・社長）となっている。興味深いのは、大学コンソーシアム形態で運営されるサイバーおよびデジタル大学には、高等教育法で設置認可されている七九大学・機関（新聞社・通信情報産業を含む）が共同参画している点である。

その後これらの大学は、高等教育法で規定される「遠隔大学」に包摂されることになった。遠隔大学は、各大学とも千人弱の募集定員が明記され、設置学科も一大学当たり二〜七学科（例：インターネットコンテンツ学科、インターネット経営学科、インターネット語学科、オンライン実用英語学科、ベンチャー経営学科、デジタルメディア・デザイン学科、メディア文藝創作学科、eビジネス学科、サイバーNGO学科、漫画アニメーション学科等のほか、伝統的な法学科、経営学科、情報学科、国際学科等も開設されている）が設置されることになっている。いずれにしても、こうした情報メディアを駆使したサイバーおよびデジタル大学を正規の大学教育として正式に認可したことにより、大学間のサバイバル競争は一段と激しくかつ複雑になることは必至である。韓国高等教育は、また新たな段階に入ったといえる。

**【参考文献】**

1　馬越徹「問題は日本と同じ――先を行く韓国の高等教育改革」、『カレッジマネジメント』一〇七号、二〇〇一年三月、四－一七頁(本章は、この記事に加筆修正を加えたものである。なお、本号には、筆者(馬越)によるソウル大総長(李基俊)インタビューを含め、韓国高等教育に関する記事が数本、掲載されている)。
2　馬越徹「韓国――『世界水準』に向けての高等教育改革」、馬越徹編『アジア・オセアニアの高等教育』玉川大学出版部、二〇〇四年、三四－五六頁。
3　韓裕京「韓国における高等教育」(石川裕之訳)、馬越徹監修・静岡総合研究機構編『アジア・太平洋高等教育の未来像』東信堂、二〇〇五年、六一－九四頁(なお、本書の序章として馬越徹による「アジア・太平洋地域の高等教育改革」五－三三頁が収録されている)。
4　李星鎬「韓国の高等教育」、G・P・アルトバック・馬越徹編/北村友人監訳『アジアの高等教育改革』玉川大学出版部、二〇〇六年、一五六－一八七頁。

# 第2章　ユニバーサル・アクセス時代の大学構造改革
## ――盧武鉉《ノムヒョン》政権（「参与の政府」）時代

## 1．大学全入時代の光と影

### ⑴ 熱い韓国教育界

韓国の教育界では年末にクライマックスが来ることになっている。全国民の関心事である大学入試（全国一律の「大学修学能力試験」：一般に「修能《スヌン》」と言われる）が行なわれるからである。この日ばかりは国内線のフライトのスケジュールまで変更になるらしい。二〇〇四年の年末に実施された「修能」では、携帯電話を使った不正が全国数ヶ所で発覚し、数十人の学生が逮捕される騒ぎになった。

もう一つ韓国教育界を熱くしたのは、二〇〇四年末に相次いで発表されたＯＥＣＤおよびＩＥＡ（国際教育到達度評価学会）の国際学力調査で、日本をはるかに上回る世界のトップクラスの成績をおさめたことである。日頃、中高生の学力低下問題を声高に叫び、政府の中等教育「平準化」政策を批判し続けている「朝鮮日報」紙でさえ、「韓国の義務教育がハイレベルであることを示す嬉しいニュース」と手の裏を返したように喜んだ。各種週刊誌も一斉に「韓国の学力・世界一」の特集を組んだ。しかしそれに満足しないところが韓国教育界である。一時の興奮が収まるとメディアも教育関係者も、ＯＥＣＤ調査（一五歳・高校一年生）の上位五％の学生の成績を比較すると、決して世界のトップであるとは言えないと厳しく受け止める論調となり、一転して英才教育振興の必要性が叫ばれ始めた。

これまで約四〇年間、韓国では平準化政策がとられてきたため、いわゆる英才教育は特殊目的校（科学高校、外国語高校、芸術高校、体育高校）に限り許されてきた。ところが二〇〇〇年に英才教育振興法が成立して以来、釜山科学英才学校の設立を皮切りに、英才教育への流れができつつあったところに、今回の国際学力調査結果は火に油を注いだ。

ついに教育人的資源部長官（副首相）は二〇〇四年一二月末、「二〇一〇年からすべての初等・中・高校生の上位五％にエリート教育（秀越性教育）を、上位一％に超エリート教育（英才教育）を行なう」という驚くべき大胆な政策を発表したのである。すでに各学校では能力別教育（数学、英語）、早期進級・進学、早期卒業、英才クラスの設置が進行しているが、英才教育振興法の成立を機に学校外（教育委員会や大学によって運営）に設置され始めている「英才教育院」（二〇〇五年時点で一九二ヶ所）を今後大幅に増やして、超エリート教育を徹底するというのである。

## （2）大学進学率八一・三％の怪

このような初等・中等教育の英才教育への流れの中で、批判の矢面に立たされているのが高等教育である。近年とみに有名になったスイスのＩＭＤ（経営政策国際研究所）が発表した「二〇〇四年度世界競争力指標（ランキング）」によれば、「大学の経済への貢献度」指標で、韓国は六〇ヶ国中五九位という最下位同然の結果が出た。ちょうど同じ頃、教育人的資源部・韓国教育開発院が公表した「要約版教育統計」によれば、二〇〇四年度の高校生の大学進学率はついに八〇％の大台を突破し、八一・三％を記録した。この数字は、二〇〇四年度の高校卒業生のうち就職者、未就職者、軍隊入隊者、不明者を除く大学（四年制大学、二～三年制の専門大学）進学者が卒業生全体の八割を超えたことを意味している。高校卒業生の母体とも言える中学校（義務教育）の在学率は、この十数年来ほぼ一〇〇％を維持しているので、大学進学率八一・三％は掛値なしの数字であり、まさに世界記録樹立と言ってよい。これに浪人（韓国では「再修生」）を含めれば、同年齢人口の九割を軽く超えることは確実である。この超「ユニバーサル・アクセス」状態がアジアの一国で実現しつつあることを、この概念を考えだしたＭ・トロウ教授は見ることなく最近世を去った。

いくら「世界一」が好きな韓国人と言えども、今度ばかりは喜びよりも複雑な気持ちのようである。特に高等教育関係者はいくぶん重苦しい気持ちでこの数字を受け取っている。なぜかというと、これだけの高進学率を達成しながら、大学別、地域別にみると、入学定員未充足大学（地域）がかなり存在するからである。見方を変えれば、大学は定員過剰時代に突入しているということであり、進学率世界一は大学倒産の危機と隣り合わせになっていることが判明したのである。

このような状況を、**表2-1**により具体的に見てみよう。これから読み取れることの第一は、四

**表2-1　地域別大学入学定員充足率（2004年）**

| | 専門大学 | 大　学 |
|---|---|---|
| 入学定員 | 277, 223 | 327, 740 |
| 入学生数 | 259, 182 | 329, 509 |
| 合　計 | 93.5% | 100.5% |
| ソウル市 | 120.8 | 106.8 |
| 仁川市 | 88.7 | 104.0 |
| 京畿道 | 89.7 | 106.3 |
| 釜山市 | 115.6 | 106.0 |
| 大邱市 | 91.8 | 89.4 |
| 光州市 | 88.2 | 98.5 |
| 大田市 | 104.1 | 105.3 |
| 蔚山市 | 111.3 | 104.9 |
| 江原道 | 68.6 | 89.8 |
| 忠清北道 | 72.3 | 99.2 |
| 忠清南道 | 89.5 | 103.1 |
| 全羅北道 | 73.6 | 85.0 |
| 全羅南道 | 88.2 | 90.8 |
| 慶尚北道 | 65.9 | 97.1 |
| 慶尚南道 | 95.8 | 102.6 |
| 済州道 | 82.1 | 93.4 |

出典：教育人的資源部・韓国教育開発院編「教育統計分析資料集Ⅱ」(2004年版)

年制大学全体としては定員を満たしているものの、専門大学は定員未充足状態になっている点である。第二に四年制大学の場合、ソウル市や釜山市などの大都市およびその周辺地域（京畿道、慶尚南道）は定員を満たしているが、地方都市（大邱市、光州市）やその周辺地域（道）は、定員未充足の状態になっている。第三に専門大学も入学定員を満たしているのはソウル、釜山、大田、蔚山の大・中都市のみであり、その他の地域は大幅に定員割れの状態で、七割を切る地域（江原道、慶尚北道）すらある。

　このような定員割れを生み出した原因として、一九八〇年代から始まった少子化現象がある。少子化世代が大学入学年齢に達した二〇〇〇年を境に、高校卒業生数は減少傾向を示しはじめ、二〇〇三年からは大学入学定員が高校卒業生数を上回ることになった。単純計算上は、大学全員入学時代が到来したといえる。このような高校卒業生数の減少は、人口動態から容易に予測されていたはずであるが、政府は過去一五年間、大学、専門大学の新設を重ね入学定員の増加をはかってきた。一九九〇年代の一〇年間（一九九〇〜九九）に九五校（四年制大学五一校、専門大学四四校）もの大学を新設し、その間に入学定員は約三九万人から約七一万人へとほぼ倍増させてきたのである。このような新大学の増設と入学定員の大盤振る舞いは、どのような政策にもとづいていたのであろうか。

### （3）激変した入学定員政策

一九七〇年代から八〇年代前半までの厳格な大学設置認可および大学入学定員管理政策を知る者にとって、一九九〇年代のそれは一八〇度以上の転換と言わなければならない。これを理解するには、韓国高等教育の歴史をさかのぼってみる必要がある。日本の一九六〇年代がそうであったように、朴正熙政権（一九六〇〜七〇年代）下の韓国では、私大の水増し入学（定員超過率）をいかに押さえ込むか、つまり大学の質を適正に維持管理することが大学政策の基本であった。その結果、一九七〇年代を通じて入学定員を徐々に増やしはしたものの、大学入学志願者に対する入学定員の比率は二二〜三三％に抑え込まれてきた。その結果、大学は志願者の四人に一人ないし三人に一人しか入れない「狭き門」だったのである。

ところが八〇年代の全斗煥《チョンドゥファン》、盧泰愚《ノテウ》両政権においては、それまでの厳格な定員管理を持続することが不可能になった。それは朴政権が七〇年代に導入した高校平準化政策が高校進学率の急上昇を生み出し、高校卒業者数は一〇年間（一九七五〜八五年）に約二・四倍増（二六万人から六四万人）を記録し、高校進学率は七五％から九一％に急上昇したためである。国民の高等教育要求（社会的需要）は爆発寸前まで来ていたのである。これに加えて、高度経済成長を維持してきた経済界からも政府のマンパワー予測に対し大幅な修正（大卒人材の増員要求）が求められた。これに応えるには、専門学校約一〇〇校を一九七九年から一挙に「専門大学」に昇格させ、入学定員の増員をはかるという荒療治をとらざるを得なかったのである。また、軍出身の両大統領にしてみれば、政権安定のためにも国民の高等教育要求と経済界からのマンパワー需要を満たされざるを得なかったのかもしれない。爾来、大学入学定員は大幅な緩和路線がとられるようになった。

それに拍車をかけたのは、一九九三年の文民政権（金泳三大統領）の誕生である。九〇年代以後、今日に至るまで大学および専門大学の新設ラッシュと定員緩和の流れはとどまることを知らなかった。歴代文民政権（金泳三→金大中→盧武鉉）は、「需要者（国民）中心主義」を合言葉に、大学設置認可については「準則主義」（認可基準を低くして、一定の条件を満たせば認可し、事後チェックを重んじる方式）を採用、大学入学定員についても大幅な規制緩和をはかってきた。「需要者（国民）」の要求を理由に、大学定員のバーゲンセールを行なってきたわけである。

このようないわば労働市場を無視した定員政策は、大卒就職率の低下傾向に歯止めがかからなくなっていることからも明らかである。四年制大学の場合、一九九〇年以後ほとんどの年で就職率が六割を下回っている。それに比べ専門大学は約八割を維持しているが、近年はやや低下傾向にある。一九九七年末に韓国を直撃したアジア金融危機に対し、金大中政権はハードランディングの経済構造改革を断行し成功を収めたと評価されているが、大学の構造改革についてはさしたる成果をあげることができなかった。わずかに専門大学についてはニ〇〇〇年を期して入学定員の削減に踏み切り、五年間（二〇〇〇〜〇四年）に約一七、〇〇〇人程度削減したが、四年制大学の入学定員に対しては手をつけなかった。そのツケはいま大学を直撃しようとしているのである。

### （4）文民政権の大盤振舞――「準則主義」の帰結

金泳三大統領のもとに「文民の政府」が誕生して以来、歴代文民政権は自らの政府を「国民の政府（金大中）」、「参与の政府（盧武鉉）」とニックネームで呼称していることに表れているように、国民・市民を強く意識した政権運営を行なってきた。高等教育政策についてみても、それまでの上意下達方式から需要者（国民）および当事者（大学人）中心方式への政策転換がはかられたことは確かである。文民政権誕生後の一九九〇年代に発表された主要高等教育政策をみれば、一目瞭然である。

一九九三：学事行政の自由化（教科課程編成）
一九九四：**学科別入学定員制廃止**
一九九五：**編入学・転学科の大幅緩和**
一九九六：**大学設立・運営の「準則主義」適用**
一九九七：高等教育法制定
一九九八：専門大学・産業大学の校名（呼称）自由化

一九九九：ＢＫ21（頭脳韓国二一世紀事業）発足
二〇〇〇：国立大学発展方案公表

中でも大幅な規制緩和として注目されたのは、①学科別入学定員制廃止、②編入学・転学科の大幅緩和、③大学設立・運営の「準則主義」適用であり、これらの政策は現在も踏襲されている。まず第一に、これまで「大学入学定員令」により学科別に詳細に定められてきた入学定員は、「当該大学の教育条件と社会的人材需給展望を反映し、大学が特色ある発展が可能になるよう」（高等教育法、施行令二七条）、各大学の学則で定められることになった。「募集単位」は医学・薬学・教員養成などの分野を除き複数学科・学部とされ、大学側に大幅な裁量権が与えられた。国公立大学に関しては、教育人的資源部長官および地方自治団体の長に入学定員の決定権限が留保されたが、私立大学に関しては相当な自由化措置がとられたのである。ただし、教育人的資源部長官が特に指定している分野については、教員一人当たりの学生数等に関する「定員策定基準」にもとづいて定めなければならない。

第二の編入学・転学科の大幅緩和、特に編入学政策は学生の適性にあった大学選択を支援する「需要者（学生）中心」政策として打ち出された。当初は二、三年次の学生を対象に八万名もの編入学定員を正規の入学定員とは別に用意したため、さながら「第二の入試」の様相を呈し、各大学はかなりの混乱に見舞われた。そこで一九九九年からは編入学定員を各大学の入学定員の五％以内に限定し、応募できる学年も三年次生のみに限定するなどの改善がはかられた。

第三の大学の設立（新設）に関する「準則主義」の適用は、一九九〇年代の高等教育政策における最大の特徴と言えるものであった。九六年に制定された「大学設立・運営規定」（大統領令）は、従来の「大学設置基準令」にみられた詳細な規定に代わり、設立認可基準が大幅に大綱化された。すなわち①校舎、②校地、③教員、④収益用基本財産等の項目につき、きわめて大綱化された数値基準が示されているだけである。例えば、校地面積基準（同規定別表4）についてみると、学生定員が四〇〇名以下の場合は校舎面積基準以上、四〇〇～一、〇〇〇名未満の場合は校舎基準面積以上、一、〇〇〇名以上の場合は校舎基準面積の二倍以上、これら三種類の基準が示されているのみであった。また教員一人当たりの学生数基準（同規定別表5）についても、人文社会系列二五人、自然科学系列二〇人、工学二〇人、芸・体育系列二〇名、医学系列八名という五系列に単純化されている。このように大綱化された設立基準に照らして大学設立申請書を作成し、教育人的資源部におかれている「大学設立審査委員会」（九名以内で構成）に提出すれば、審査を受けられる仕組みとなったのである。

以上にみられるような、入学定員、編入学（定員）、準則主義による大学設立等、文民政権の大盤振る舞いにより、韓国高等教育は空前の規模に膨れ上がり、定員が需要をオーバーする状態を作り出してしまったのである。このように文民政権下で政策的に作り出されたとも言える教育機会過剰時代は、各大学に定員未充足状態の恒常化を強いるものであった。

## (5) 大学評価事業と質保証の限界

このような「準則主義」のもとで一九九〇年代に新設された大学の質は大丈夫なのであろうか。ちなみに教育人的資源部が公表している専任教員確保率(「大学設立・運営規定」に定められた学生数基準に対する確保率)は、専任教員の場合、既設大学も含む全国平均値が大学六三・四%、専門大学の場合四五・一%にとどまっている。専任教員・非常勤教員・招聘教員を含む確保率の場合でも、大学七一・二%、専門大学七四・八%にすぎない。このことからも、九〇年代に新設された百校近い大学は、かなり甘い審査基準で設置認可がなされたことが想像される。

もちろん政府(教育人的資源部)も大学教育の質管理に手をこまぬいていたわけではない。すでに韓国では、このような文民政権による「準則主義」がとられる以前の一九八〇年代初頭から、大学の質保証に熱心に取り組んできた実績がある。一九八〇年代の前半期に設立された四年制大学および専門大学それぞれの連合体(前者は大学教育協議会、後者は専門大学教育協議会、いずれも国公立、私立すべての機関を含む)は大学評価事業をスタートさせ、機関評価と学問分野別評価の研究・試行を積み重ねてきた。約十年の施行期間を経て、大学教育協議会は「大学総合評価認定制(機関評価)」を一九九四年からスタートさせた。学問領域別評価認定制も一九九五年から始まった。この制度はアメリカのアクレディテーション制度をモデルに研究開発された韓国版「適格認定制度」であるが、七年周期の第一期評価(一九九四~二〇〇〇年)を終え、第二期評価(二〇〇一~〇五年)は五年周期に変更され、評価結果が出揃ったところである。学問領域別評価認定作業も、二〇〇〇年までに工学系、自然科学系、建築工学系、医学・薬学系および法学系が完了し、順次、他の領域の評価認定作業に移っている。

このように韓国の大学評価システムは過去二〇年間の実績を有しており、アジア諸国の中では先進的であると言える。評価手続・評価項目は二〇〇頁におよぶ『大学総合評価便覧』に集大成されているが、①教育、②研究、③社会奉仕、④教授、⑤施設、設備、⑥財政・経営の六領域(一〇〇項目)について、定量的評価と定性的評価を組み合わせて行なっている。前述したように、大学の設置認可が「準則主義」となっていることに鑑み、大学教育協議会による評価事業を通じての質保障はきわめて重要な役割を担っていると言える。

但し、大学総合評価認定制の第一期が終了した段階では、申請した一六三大学(一一〇大学院)のすべてが「認定」され、「非認定」や「条件付認定」は出なかった。このような評価結果に対し、特に行政サイドから、①評価基準が低すぎるのではないか、②認定の内容(各項目の評価)が公表されないので改革のインセンティブになりにくい、③七年周期は長すぎて緊張感に欠ける、④結果の活用が不十分である等の批判がなされてきた。いずれにしても大学連合体(大学教育協議会)という身内が身内を評価する現行制度に限界があることは確かであった。

## 2．本番を迎えた「大学構造改革」

### (1) 腹を固めた政府——大学改革シフト

盧武鉉大統領を誕生させた原動力の一つがネティズン世代の市民団体「ノサモ（盧武鉉を愛する集まり）」であったことはよく知られている。また政権の主要ポストに七〇年代および八〇年代の学生運動を闘った革新系（人権派）人材を多く登用したことも、これまでの政権では見られなかった特徴である。したがって大統領諮問・教育革新委員会のメンバーの多くも、総じて新自由主義的な改革原理には懐疑的であり、大学改革においても市場原理にもとづくトップダウン方式の改革には反対してきたグループである。

ところがこのところメディアや経済界から発せられた声高な「大学の国際競争力低下」の大合唱の中で、政府も大学改革に本腰を入れざるを得なくなった。二〇〇四年暮れから年始にかけて行なわれた教育人的資源部長官（教育副総理）人事は二転三転したが、二〇〇五年一月末に任命されたのは、経済官僚出身の元財政経済部長官・金振杓氏であった。これまで教育人的資源部長官ポストは大学教授の指定席であっただけに、内外に衝撃が走った。大統領府は『経済界が求める人材を輩出できるよう大学を改革するため経済に明るい人材を選んだ』とストレートなコメントを発表した。このように、大学改革をターゲットに長官人事（副総理）が決められたというのも珍しい。大学改革は待ったなしの状態に入った。

## (2)「アメとムチ」で本格始動

このようなトップの人事とは別に、行政ベースでは大学構造改革は着々と準備がすすめられていた。二〇〇四年八月三一日、教育人的資源部は全国の大学総長および関係者四〇〇名を招待して「大学革新フォーラム」を開催し、その席上で二〇ページからなる「大学競争力強化のための大学構造改革方案」(試案)を発表し、大学改革に取り組む姿勢を鮮明にした。試案には「大学が活気づけば、国も活気づく」という大仰な副題がつけられていたが、中身は大学構造改革のロードマップであった。それによれば、今後五年間に財政支援をテコに構造改革に取り組み、①首都圏所在の七、八大学、地方所在の七、八大学の特定分野(特性化)に世界水準の競争力をつける、②大学生および大学院生数を削減し、教員確保基準を高める(学生一人当たり教員数の是正)、③大学(四年制、専門大)の統廃合により大学数の大幅削減を実現する、④大学の設立目的、特性、規模、立地(地域)等により類別化して多様な発展をはかる、⑤財政支援を通じてそれぞれの類別の差別化をはかる、以上の五点を実現することが掲げられた。そして行政サイドは、次の四点に絞って具体的作業を開始することを明記した。

その第一は、「大学構造改革特別法(仮称)」を制定し大学統廃合および大学倒産の際に必要となる法令上の整備を行なう。第二に、大学の構造改革および入学定員削減等の自己改革を支援するために「大学構造改革支援予算」を確保する、第三に、教育・研究の質向上と財政支援をリンクさせるための専門評価機関として「高等教育評価院」を設立する、第四に、大学構造改革推進のためのネットワーク・システム（①教育人的資源部に「大学構造改革支援本部」、②大学教育協議会に「大学構造改革推進団」、各地域別に大学総長により構成される「大学構造改革ネットワーク」）を構築する。

要するに政府は、①構造改革に取り組む大学には支援を惜しまない、②改革意欲のない大学には財政支援をしない、③倒産した場合の法的手続を整備する、これら三原則を明確にしたのである。「アメとムチ」による大学構造改革宣言であった。なおこの方案は、金大中政権時代に提出され十分な成果をあげ得なかった「国立大学発展計画」（二〇〇〇年一二月）および盧武鉉政権になって発表された「大学競争力強化方案」（二〇〇三年一一月）を発展的に継承した試案であることが明記されていた。

## （3）大学統廃合・入学定員削減に大ナタ

方案（試案）は各大学に対する説明会および一般公聴会を経て、二〇〇四年一二月二八日に正式に確定され公表された。方案のタイトルは八月段階のものと同じであったが、内容面では詳細な数値目標が示されると同時に、後半部分に「大学構造改革財政支援方案」（高等教育政策課）が追加された。この「大学構造改革方案」でもっとも注目されたのは、言うまでもなく大学の統廃合の積極的推進と大学入学定員の大幅削減であった。マスコミ各紙も「二〇〇九年までに大学の四校に一校は統廃合――約九〇大学が姿を消す」と一面トップで伝えたほどである。

●国立大学の統合類型

今回の構造改革で標的にされたのは国立大学である。まず入学定員については向こう五年間（二〇〇五～〇九年）に一五％（二二、〇〇〇人相当）の削減が義務付けられた。また統合を実現した大学に対しては、教授定員、教育施設の改善の面で財政支援を行なうことが約束された。統合類型としては、次の四類型が例示された。

・類型－1　大学―大学の統合（例示：慶尚大学―昌原大学、忠北大学―忠南大学：入学定員の二〇％以上削減を条件とする）

・類型－2　大学―専門大学の統合（例示：公州大学―天安工業大学：後者＝専門大学の定員を六〇％以上削減を条件とする）

・類型－3　大学―産業大学の統合（例示：釜山大学―蜜陽大学、慶北大学―尚州大学等：後者＝産業大の入学定員を二五％以上削減することを条件とする）

・類型－4　大学―教育大学の統合

韓国の国立大学は、四年制大学二二一校のうち四四校にすぎない。それにもかかわらず統合を急ぐ理由として、教育人的資源部は次の二点をあげている。①近接した国立大学間に類似・重複学科が多く効率性に欠ける。②近接しているにもかかわらず協力関係がなく、地域社会との連携にも積極的でない。③統合を通じて効率的運営体制を確立し、シナジー効果を創出することが大切である。

なお、二〇〇四年時点では国立大学を法人化する計画はないが、大学運営の客観性・透明性・民主制確保を目指し大学評議員会、教授会、学生会、支援会等の組織を設けることを義務付ける法律を整備する予定のようである。また全羅南道にみられるように「圏域」単位で大学統合の気運を高めるため、圏域別に大学総長、地方自治体、産業界、市民団体の代表からなる「国立大学構造改革推進委員会」を発足させることを計画している（「圏域」とは、次の八地域：ソウル、京畿・仁川、釜山・蔚山・慶南、大邱・慶北、光州・全南・全北、大田・忠南・忠北、江原、済州）。

●私立大学の統合類型と構造改革支援

他方、私立大学の構造改革でもっとも重視されているのは大学教育の質の改善であり、とりわけ専任教員確保率を向こう五ヶ年間（二〇〇五～〇九年）で約一〇％程度引き上げることを、年度別数値目標を掲げて求めている（四年制大学の場合五五・〇％→六五・〇％、専門大学の場合四〇・〇％→五〇・〇％）。この数値目標が達成できない大学は、入学定員の削減を実施することになる。また、教育人的資源部からの財政支援を受けるには、二〇〇六年度入学定員を対二〇〇四年度比で一〇％削減することを条件として課し、同時に教員（兼任、招聘含む）一人当たり学生数が四〇名を超える大学はあらゆる政府の支援事業の対象から外されることも明記された。

私立大学における構造改革の第二の柱は、国立大学同様に大学間の統廃合の推進であり、次の三類型が示された。但し、統合に際しては国立の場合以上に厳しい入学定員削減が条件として課されていた。

・類型－1：大学同士、専門大学同士の統合（この場合、入学定員の削減、専任教員の年次別確保率改善目標、統合後の教育条件の改善を条件とする）

・類型－2：同一「圏域」内の同一学校法人が経営する「大学と専門大学」の統合（例示：高麗大学―高麗大学病院併設看護大学、暻園大学―暻園専門大学等：この場合、専門大学の入学定員を六〇％以上削減を条件とする）

・類型－3：同一「圏域」内の同一学校法人が経営する「産業大学と専門大学」を統合し一般の大学に改編する（例示：東明情報大学―東明大学、三育大学―三育義明大学：この場合、前者＝産業大学の入学定員の二五％以上、後者＝専門大学の入学定員の六〇％以上削減を条件とする。なお、一般の大学に改編後は既存の政府支援を中止する）

私立大学に対する構造改革の第三の柱は、大幅な規制緩和と厳格な指導助言を並行して行なうと同時に、学校法人解散（倒産）時の救済措置も検討することが盛り込まれている。まず、規制緩和については、①教育用財産の収益用財産への転換促進（例：企業体の研修施設、研究所に賃貸）、②収益用財産の運用収益額が一定金額未満の場合、許可制から届け出制とし、その額を大学の場合三億ウォン（約三、〇〇〇万円）未満から一〇億ウォン（約一億円）未満に、専門大学の場合は五、〇〇〇万ウォン（約五〇〇万円）未満から五億ウォン（約五、〇〇〇万円）未満に基準を緩和する。他方、厳格な指導助言としては学生定員充足率、借入金依存率、授業料依存率等を厳しくチェックすると同時に、経営危機にある大学に対しては集中診断チーム（intensive consulting team）を派遣する。今後学生数が激減し経営が成り立たなくなった学校法人が解散（倒産）する場合、善意の出資者に対し出資財産の一部を還元する方途を検討する、等が骨子となっていた。

## (4) 大学院の拡大にも歯止め

この方案には国立大学および私立大学の統廃合や入学定員削減のほかに、もう一つの構造改革事項が含まれていた。それは大学院の質管理に初めてメスを入れたことである。これまで韓国の大学院は拡大の一途をたどり、二〇〇四年時点の大学院生数は二七万七、〇〇〇人に達し、対学部学生比率は六対一である。大学院生数は、同年の日本のそれを絶対数で上回っており、まさに大学院の大衆化現象が現実のものとなっている。ところが約一、〇〇〇にのぼる大学院研究科のうち、硕士(修士)・博士課程を有する伝統的な一般大学院(研究科)は全体の約一四%、専門大学院が一一%、残り七五%は現職社会人を対象にした特殊大学院(硕士課程)という構造になっている。一般大学院においても近年博士学位が量産されており、博士号を持っていても職のない、いわゆる博士浪人問題が深刻化している状況にある。

こうした大学院の爆発的な量的拡大に対し、今回の方案では、①大学院の質管理を徹底するために学問分野別評価体制(認証制)を確立する、②大学院定員を調整するため小規模類似研究科(大学院)の統廃合を進める、③大学院の設置・運営基準を厳格化する、等が構造改革の目標として挙げられた。大学院レベルでも量的拡大に歯止めをかけ、質的転換に向け政策の舵を切ったのである。

## 3．構造改革方案に対する各界の反応

### （1）走り出した大学人

大学という組織はどこの国でも保守的な性質を有している。さまざまな既得権益を持ち、社会からも優遇されてきたからである。それだけに政府からの介入には一様に拒否感を示すのが常である。二〇〇〇年に、金大中政権が国立大学に「国立大学発展方案」（二〇〇〇年七月）を突きつけたときには、多数の私立大学教授陣まで加わり全国大学教授協議会が結成され反対運動が展開され、結局「方案」は棚上げにされた。反対運動に私学関係者が多く参加した背景には、方案に盛り込まれていた大学構造改革が早晩私立大学に及ぶことを直感していたからであろう。果たせるかな今回盧武鉉政権によって出された方案では、国立大学以上に私立大学が狙い撃ちされていることが明らかとなった。ところが前回に比して、大学人からの反発はそれほど出なかったのは、教育人的資源部の巧妙な作戦が功を奏したからではないかと思われる。

「国立大学発展方案」の本格実施に踏み出せなかった教育人的資源部は、鼻先にニンジン（財政支援）をぶら下げる方式で、事実上この「方案」に盛り込まれた事項の多くを実行に移してきた。重点施策については設置者（国公私立）の別なく「評価」を通じて大学間競争を刺激し、助成金を配分する方式をとってきた。例えばBK21（頭脳韓国二一世紀事業）とならんで注目されている「地方大学革新力量強化事業（NURI）」に対しては、五年間（二〇〇四～〇八年）に一兆四、〇〇〇億ウォン（一、四〇〇億

円）の巨費を一一一事業団に配分することになった。韓国の私立大学は日本のような経常費補助は受けていないが、このところさまざまな事業ごとに政府からの財政支援を受けている。特に近年の財政支援は「評価」にもとづいてなされその結果が世間に公表されるため、大学のＰＲ・学生募集戦略にとって重要な意味を持ってくる。

ソウル市内の大規模有力私学の場合、入学定員の削減に率先して取り組み政府の施策を先取りしている感さえある。国立大学関係者も今度ばかりは逃げられないと覚悟を決めつつあるようである。その背景には、学生の就職率が低迷し、労働市場（経済界）からの学生に対する評価も厳しさを増すばかりであるからだ。先に見た圏域内における大学間統合の動きからも、国立大学関係者も走り出したと言える。

## （2）いらだつ経済界

それでは経済界は近年の大学改革をどのように見ているのであろうか。いわゆるＩＭＦ危機は克服したものの、サムスンのような一部優良企業を除けば韓国経済の現状は必ずしも明るいものではない。それだけに企業関係者の大学に対する見方は厳しい。マスコミ報道によれば、上場企業の幹部は「いまの理工系大卒（新入社員）は入社後、二年程度訓練しなければ使いものにならない」と大学教育に不満を漏らしている。

筆者も二〇〇五年一月、韓国経済団体の総本山とも言える韓国経済人連合会（全経連）を訪ね、経済界の大学教育に対する満足度について聞いてみた。専務理事L氏は「大体二〇~三〇%くらいでしょう」と大学教育に期待していないような口ぶりであった。それでは大学教育で何が重要か尋ねたところ「やはり人間性が一番です。その上に専門性のある人間を求めています。人間性の教育は大学教育の基礎でなければならない。チームワークやリーダーシップもすべて人間性が基礎になります。専門性は大事だけれども基礎あっての専門性です」との答が返ってきたので驚いた。多くの大学関係者から、経済界の要求にそって実用性のある専門人材を養成できるようカリキュラム改革を行なっていると聞いていたからである。

経済人の大学教育に対するいらだちは、こうした両者の認識の違いに原因があるのかもしれない。全経連が二〇〇四年九月に公表した提言「知識基盤社会人材養成のための教育改革実践方案」(調査研究資料、二〇〇四年九月)に盛り込まれた提案は、大学の競争力促進という点では政府の方案と共通しているが、それを実現するための方法論はかなり異なっている。全経連報告書の基調は「規制開放」原理で貫かれており、例えば首都圏における大学設立や入学定員の規制には反対の立場をとっている。この点でも官(政府)と民(産業界)の立場は微妙に食い違っている。問われているのは大学自らの姿勢かもしれない。

何事も大きくするよりも小さくする方が難しい。今回、韓国政府が発表した大学構造改革方案は、恐竜のように巨大化した高等教育システムに打ち込んだカンフル剤であり、これから五年かけて外科手術が始まることになる。但し、長年の間にできあがった体質を改善することは容易なことではない。一九九九年に鳴り物入りで導入されたBK21(頭脳韓国二一世紀事業:一九九九〜二〇〇五年)にしても予定の七年が終わろうとしているが、韓国の学術が一挙に世界水準に近づいたとは言えず、政府はポストBKを準備中である。同様に、五年の外科手術で韓国の高等教育構造を一挙にスリム化できると考えるのは早計であろう。

もともと韓国の高等教育システムをこのように巨大化してしまったのは、政府が規制を極力緩和し、需要者の選択を最大限重視する政策をとってきたことに原因がある。そうすることにより大学には競争原理が働き、質の向上もはかれるという計算であった。いわゆる市場原理である。ところが実際には大学の競争力と卓越性(エクセレンス)には赤信号がともってしまった。そこで今度は逆に、上からの「財政支援」をテコに、大学の統廃合と入学定員の削減という荒療治に出たわけである。しかしこれで当初目的どおり大学の競争力強化を実現できるかどうかは予断を許さない。

【参考文献】

1 馬越徹「韓国の社会変動と教育改革に関する研究」、『訪韓学術研究者論文集』第二巻、財団法人日韓文化交流基金、二〇〇一年。
2 韓国教育新聞社『韓国教育年鑑』二〇〇四〜二〇〇七年各年版(韓国語)。
3 中鉉奭『韓国の高等教育改革政策』学志社、二〇〇五年(韓国語)。
4 韓国大学教育協議会『二一世紀大学教育発展計画』二〇〇五年(韓国語)。
5 韓国大学教育協議会「大学構造改革と大学発展」、『二〇〇六年度夏季大学総長セミナー報告書』

二〇〇六年（韓国語）。

6　馬越徹「超ユニバーサル・アクセスの現実」、「いよいよ本番を迎えた大学構造改革」、『カレッジマネジメント』一三一号、二〇〇五年三月「特集―大学全入時代に到達した韓国の高等教育最新事情」、四－一六頁。

# 第3章　大学改革と高等教育財政
## ——脆弱な財政構造下の「選択と集中」

## 1. 高等教育財政の歴史的経緯

「サポート・バット・ノーコントロール」という懐かしい言葉がある。これは一九六〇年頃までのイギリスにおける旧UGC（大学補助金委員会）の大学財政哲学を表わす有名な言葉である。ところが一九六〇年代の韓国高等教育界では、それとは正反対の「ノーサポート・バット・コントロール」がまかり通っていた。朝鮮戦争の復興過程において、焦眉の急は全国の初等中等学校の再建（建設）であり、高等教育にまで手が回らなかったからである。わずかの国立大学に対する支援を除けば、高等教育に対しては「ノーサポート」同然であったにもかかわらず、「コントロール」だけは国公私立一律に上から行使するという韓国的慣行ができあがり、その一部は現在まで続いている。例えば、大学の入学者選抜は国公私立一律の「大学修学能力試験」で行なわれており、私立大学が独自の大学入試を行なうことは認められていない。また私立大学への経常費補助は行なっていないにもかかわらず、大学経営の根幹にかかわる重要政策（例えば、大学評価、入学定員・編入学定員、大学の統廃合を含む構造調整等）

は、政府によって国公私立一律の原則のもとにコントロールされている。

このような高等教育に対する「ノーサポート・バット・コントロール」方式に大きな変化の兆しが現われたのは一九九〇年代の後半であった。一つはOECD（経済協力開発機構）への加盟（一九九六年）であり、もう一つは加盟直後に見舞われたアジア金融危機（別名「IMF危機」）である。OECDに加盟し経済先進国の仲間入りを果たした韓国は、その瞬間からOECDの各種報告書や指標において加盟各国との比較を強いられた。例えばGDPに占める教育費比率は、加盟国の最下位グループに位置することが白日のもとに曝されることとなった。プライドと競争心の強い韓国政府はそれ以来、OECDスタンダードを意識した教育財政政策を展開し始めることとなった。歴代大統領は、その選挙公約に教育費のGNP比の数値目標を掲げることが通例となり、金大中元大統領の場合五％、盧武鉉前大統領の場合は六％を掲げたため、その実現をめぐり公教育費論争は過熱した。現実には、公約が達成されたとは言えなかったが、OECD諸国との比較が契機となって教育費予算が増大してきたことは紛れもない事実であり、高等教育に対する財政面での支援も年々強化され、少なくとも「ノーサポート・バット・コントロール」の時代は終わりを告げたのである。

このような傾向に拍車をかけたもう一つの要因は、皮肉なことにアジア金融危機であった。この時、グローバル化時代における「国際競争力」に果たす大学の役割が再認識され、大学構造改革を進める手段として大学財政を強化することが教育官庁（教育部）の枠を超えた政府全体の課題となったのである。そして二〇〇一年に行なわれた国家行政組織の改革において、教育部から教育人的資源部となった新組織の長（長官）は副総理兼務として重責を担うことになった。これを契機に教育人的資源部は、高等教育分野に競争的資金政策を導入し、評価にもとづく財源配分を徹底して行なうことを通じて、韓国の大学を研究と教育（人材育成）の両面において「世界水準」に引き上げることに挑戦するようになったと言える。

## 2. 高等教育財政の基本構造

### (1) 高等教育費の規模と近年の特色

まず政府予算（公財政歳出予算）に占める教育費の比率について見ると、過去九年間（二〇〇〇～〇八年）を通じて、一九%から二〇%台を維持しており、ほとんど変化は見られない。しかしその間に教育費総額は約一・九倍となっており、教育財政状況はかなり改善されたことが伺える。韓国の教育予算（教育科学技術部所管の歳出予算）は一般会計と特別会計からなっているが、そのほとんどは一般会計で占められている。二〇〇八年度の場合、両者の比率は一般会計（九八・四%）、特別会計（一・六%）となっており、後者の例としては国家均衡発展特別会計および責任運営機関特別会計があるのみである。

公財政支出教育費予算の構成比率について見ると、二〇〇八年度の場合、全体の八六・四%は初等・中等教育部門（幼児教育含む）に充当されており、高等教育部門の比率は一二・一%にすぎない。但し、予算額で見ると**表3-1**に見られるとおり、この一年間（二〇〇七、八年度）で一七・七%の大幅な増加が

**表3-1　高等教育項目別予算額および増加率（2007、2008年度）**

（単位：百万ウォン）

| 歳出項目 | 2007年度（項目間比率） | 2008年度（項目間比率） | 年間増加率（%） |
|---|---|---|---|
| 大学の特性化・多様化 | 324, 300 ( 8.8) | 361, 730 ( 8.3) | 11.5 |
| 大学構造体制改善 | 67, 008 ( 1.8) | 70, 528 ( 1.6) | 5.3 |
| 大学教育力量強化 | 447, 988 (12.1) | 691, 931 (15.9) | 54.5 |
| 高等教育 ICT 支援 | 15, 965 ( 0.4) | 12, 538 ( 0.3) | △21.5 |
| 学術研究力量強化 | 365, 358 ( 9.9) | 422, 563 ( 9.7) | 15.7 |
| 韓国史研究振興 | 27, 107 ( 0.7) | 28, 107 ( 0.6) | 3.7 |
| 大学生福祉支援 | 228, 866 ( 6.2) | 381, 183 ( 8.8) | 66.6 |
| 国立大学運営支援 | 1, 986, 464 (53.7) | 2, 105, 029 (48.3) | 6.0 |
| 私大教員国家年金負担金 | 184, 052 ( 5.0) | 237, 379 ( 5.5) | 28.9 |
| 借款元利金償還 | 51, 590 ( 1.4) | 42, 878 ( 1.0) | △16.9 |
| 総　計 | 3, 698, 698 (100) | 4, 353, 866 (100) | 17.7 |

【出典】参考文献4より作成

認められ、高等教育費増額への努力がなされていることは事実である。国際比較の際によく使われる高等教育費のGDP比について見ても、二〇〇三年度の〇・四%から最近では〇・五%程度まで改善されてきているが、OECD国家の平均値（約一%）の半分にすぎない。現時点では、韓国の高等教育費のGDP比を大幅に改善するための道筋は見えていない。

二〇〇八年度の高等教育予算の項目別内訳についてみると、もっとも大きな比率を占めているのは国立大学運営支援のための経常的経費（四八・三%）であり、高等教育予算の約半分が充当されている。次に多いのは大学教育力量強化（一五・九%）、学術研究力量強化（九・七%）と続いているが、これらは近年韓国政府が力を入れている国際的競争力強化（BK21、HK、NURI、WCU等）のための事業的経費であり、いわゆる競争的資金と称されるものである。これらに次いで比較的大きな比率を占めている項目もすべて事業的経費であり、大学生福祉支援(八・八%)、大学の特性化・多様化(八・三%)等の優先順位が高くなっている。各事業予算のうち年間増加率がもっとも高い項目は、大学生福祉支援(六六・六%)、大学教育力量強化(五四・五%)、私大教員国家年金負担金(二八・九%)、学術研究力量強化(一五・七%)の順になっており、新政権の高等教育政策意図を垣間見ることができる。一方、予算額が前年を下回っているのは「高等教育ICT支援」および「借款元利金償還」であり、前者についてはその整備が一段落したこと、後者については金利償還が順調に進んだ結果のマイナス成長と言えよう。

以上に見られるように、韓国の高等教育財政は国際水準から見ても、また国内の初等中等教育費との対比においても決して満足のいく水準ではない。しかし近年、高等教育費総額が増加していることは確かであり、「選択と集中」原理にもとづき重点政策にそったメリハリのある予算配分がなされているのは注目されるところである。

### (2) 高等教育機関の歳入・歳出構造

周知のように、韓国の高等教育機関は私立大学の占める比重がきわめて高い。二〇〇八年度現在、学校数の八五・三%、学生数の七四・三%は私立大学によって占められている。したがって高等教育機関の歳入・歳出構造を見る場合、国公立と私立を対比しながら考察する必要がある。

まず国公立と私立を含む全体の歳入構造について二〇〇五年度決算で見ると、**表3-2**に見られるように、登録金収入が全体の四八・六%を占めもっとも高い比率となっている。しかしこれを国公立・

**表3-2　国公私立高等教育機関の歳入内訳（2005年度決算）**

（単位：億ウォン）

| 区分（%） | 登録金 | 国庫補助金 | 転入金 | 寄付金 | 繰越金 | 資産・負債収入 | その他 | 合計 |
|---|---|---|---|---|---|---|---|---|
| 国・公立 | 13,898<br>(23.3) | 22,499<br>(37.7) | － | 5,118<br>(8.6) | 1,499<br>(2.5) | － | 16,594<br>(27.8) | 59,608<br>(99.9) |
| 私　立 | 99,317<br>(57.3) | 11,143<br>(6.4) | 10,299<br>(5.9) | 5,958<br>(3.4) | 15,408<br>(8.9) | 13,584<br>(7.8) | 17,497<br>(10.1) | 173,206<br>(99.8) |
| 合　計 | 113,215<br>(48.6) | 33,642<br>(14.5) | 10,299<br>(4.4) | 11,076<br>(4.8) | 16,907<br>(7.3) | 13,584<br>(5.8) | 34,091<br>(14.6) | 232,814<br>(100.0) |

【出典】参考文献4より作成

私立別に見ると、国公立の場合二三・三％にすぎないのに対し、私立大学は五七・三％を占めており登録金収入への依存度が国公立の二倍以上となっている。さらに詳細に検討すると、私立四年制大学の登録金の占める比率が五五・一％であるのに対し、私立専門大学の場合は六五・四％となっており、その比率はさらに高くなっている。次に歳入面で第二の比率を占めるのは国庫補助金（一四・五％）であるが、これも国公立（三七・七％）と私立（六・四％）とでは大きな差が見られる。大学の歳入を考える場合、寄付金の比率が注目されるが、韓国の場合は四・八％（国公立：八・六％、私立：三・四％）にすぎず、いわゆる「寄付文化」が成熟している欧米の大学に比べ大きく遅れをとっている。その原因として指摘されているのは寄付金に対する税制面での優遇措置のあり方であり、現状では個人の寄付金（施設費、教育費、研究費、奨学金）には一〇〇％の損金計上が認められている。一方、法人（会社等）の寄付に対しては、国公立大学への寄付金に対しては一〇〇％の損金計上が認められているのに対し、私立大学の施設設備、教育費および研究費への寄付金に対しては五〇％、奨学金に対しては五％しか認められていない。このことが先に見たように、国公立に比べ私立大学の歳入に占める寄付金の比率が国公立の半分にも満たない原因となっているといわれている。これを国公立大学並みの比率にすることが当面の課題とされているゆえんである。そのためには私立大学への寄付に対する税制面の優遇措置を、国公立並みにすることが求められている。

韓国の高等教育機関の歳入を考える際、高い比率を占める登録金（学納金）の仕組みについて説明しておかねばならない。韓国では、登録金は①入学金、②授業料、③期成会費（supporting fee）の三要素から構成されているからである。歴史的に韓国の学校では、かなり長期にわたって、教育財源不足を補う手段として、父母の組織（育成会、期成会）が会費を徴収して学校運営を支援してきた。このような「期成会費」が慣行化し、韓国の学校財政に制度化されてきたのである。大学の登録金に期成会費が含まれている背景には、そのような歴史的経緯がある。しかし最近ではかなり変化が見られ、期成会費を徴収しているのは国公立大学のみであり、私立大学はこれを廃止している。それには次のような理由が考えられる。

国公立大学の場合、入学金および授業料はいったん国庫に入るので大学の自主財源にはならないが、期成会費は大学に直接入るので、国公立大学にとっては魅力的な財源である。但し、期成会費会計は政府に報告し監査を受けなければならない。登録金を構成する入学金、授業料、期成会費の徴収についてもこれまでは政府が規制してきたので、かなりの期間その比率は六（入学金・授業料）対四（期成会費）が一般的であった。ところが近年、規制が緩和され、国公立大学においても三者の比率を大学（各学部）が独自に決定できるようになったため、期成会費の比率が大幅に高くなっている。例えば二〇〇七年度の三者（入学金・授業料・期成会費）の比率は、人文社会系で6：30：64、理学系で5：23：72、医学系で2：14：84となっている。他方、私立大学の場合、登録金のすべてが大学の歳入となるので、授業料と期成会費を分ける必要がなくなり、学生から徴収するのは登録金（入学金＋授業料）のみとなった。

このように私立大学の歳入に占める登録金比率が高いこととともに、近年問題になっているのは登録金額の大学間格差である。韓国の大学では、国公立大学も含めて学部別登録金制をとっているので、二〇〇七年度の場合、国公立大学であっても、年間登録金（初年度）がもっとも低い人文社会系学部の三〇九万ウォン（約三一万円）から、もっとも高い芸術・体育系人学の一〇五七万ウォン（約一〇六万円）までの格差があり、その差は三倍以上となっている。私立大学の場合はさらに格差が激しく、もっとも低い人文社会系学部では一八三万ウォン（約一八万円）という低額であるのに対し、もっとも高額な芸術・体育系大学の場合は一、二三一万ウォン（約一二三万円）となっており、約七倍の格差がある。

このような登録金の大学間格差とともに問題となっているのは、ここ数年続いている登録金の大幅引き上げである。国公立大学は、過去六年間（二〇〇二〜〇七年）に前年度比七〜一〇％の引き上げを行なってきている。一方私立大学の方も、過去六年間（二〇〇二〜〇七年）、毎年のように前年度比五〜七％の引き上げを行なってきている。この引き上げ率は物価上昇率に連動して決められてき

**表3-3　国公・私立高等教育機関における歳出内訳（2005年度決算）**

（単位：億ウォン）

| 区分（%） | 人件費 | 運営費 | 施設費 | その他経費 | 繰越金 | 産学・その他会計 | 合　計 |
|---|---|---|---|---|---|---|---|
| 国・公立 | 17,509<br>(29.4) | 12,949<br>(21.7) | 3,160<br>(5.3) | 971<br>(1.6) | 2,417<br>(4.1) | 22,602<br>(37.9) | 59,608<br>(100.0) |
| 私　立 | 57,066<br>(32.9) | 44,975<br>(26.0) | 15,675<br>(9.0) | 19,489<br>(11.3) | 12,441<br>(7.2) | 23,560<br>(13.6) | 173,206<br>(100.0) |
| 計 | 74,575<br>(32.0) | 57,924<br>(24.9) | 18,835<br>(8.1) | 20,460<br>(8.8) | 14,858<br>(6.4) | 46,162<br>(19.8) | 232,814<br>(100.0) |

【出典】参考文献4より作成

た経緯があり、二〇〇二〜〇五年までは国公立大学も私立大学も物価上昇率の二倍前後の引き上げを行なってきた。ところが最近の二年間（二〇〇六〜〇七年）についてみると、国公立大学は物価上昇率の四倍以上、私立大学も約三倍程度の引き上げを行なっており、社会問題になりかねない状況になってきている。このような状況を招いているのは、各高等教育機関の歳入に占める国家補助金（一四・五％）の比率が低いことが原因となっているが、表3-1で見たとおり国家補助金そのものが経常的経費としての支援ではなく、政府が重点的に進める事業に対する支援が中心の財政構造となっているためである。そこで各大学は登録金引き上げに走らざるを得ない状況に追い込まれていると言える。

次に各高等教育機関の歳出構造について見ると（**表3-3**）、人件費（三二・〇％）、運営費（二四・九％）、産学・その他会計（実質は研究費：一九・八％）の順となっており、これら三費目で歳出全体の約七七％を占めている。韓国の高等教育機関の歳出の中でもっとも比率の高いのは人件費であるが、国際比較の観点からみると先進国の中ではもっとも低い部類に属している。OECDが加盟国

（三〇ヶ国）の協力を得て開発している「国際教育指標」に関する報告書（『図表でみる教育（二〇〇七年版）』）によれば、高等教育費の構成要素（①人件費、②経常運営費、③資本的経費）に占める人件費比率は、OECD平均が五九・一%であるのに対し、韓国は四二・三%となっており加盟国の中ではもっとも低い。これは韓国の大学教員一人当たりの学生数がOECDの主要国に比べて過大であることによるものと考えられる。近年の大学改革において教員充足率の改善が求められており、また大学教員側の待遇改善要求も高まっているので、韓国の高等教育機関予算に占める人件費比率は今後上がっていくことが予想される。事実、最近の教育人的資源部統計によれば、私立高等教育機関（大学、専門大学、産業大学、大学院大学等）の二〇〇七年度決算における人件費比率は五二・八%にまで急上昇しており、人件費比率の高騰が大学の財務状況を圧迫し、登録金引き上げの要因になっているとも言われている。

もう一つの問題は、歳出に占める研究費（「産学・その他会計」）の比率が、国公立の三七・九%に対し、私立の場合は一三・六%にすぎない点である。これは国公立の高等教育機関のほとんどが四年制大学であり各地方の基幹大学として研究に力を入れているのに対し、私立の高等教育機関には相当数の専門大学、産業大学等が含まれていること、さらにはソウルに立地するトップテンに入るいわゆる研究大学から地方に立地する小規模な教育中心大学まで大学間の格差が大きいためであると考えられる。

## 3. 大学改革と高等教育財政の役割

### (1) 大学改革を誘導する財源配分

以上みてきたように、韓国の高等教育財政は決して潤沢ではない。しかも公財政出教育費のわずか一二・一%にすぎない高等教育費の約半分（四八・三%）は国立大学の運営経費（経常的経費）に当てられており、韓国高等教育の約八五%を占める私立高等教育機関への支援（経常費補助）はまだ制度化されていないのである。つまり韓国の高等教育財政を特徴づけているのは、国立大学運営経費を差し引いた残りの五一・七%のほとんどが事業的経費として配分されている点である。事業的経費は当然のことながら、歴代政権の高等教育政策が反映される。近年、事業的経費の多くが、政府の重点施策を実現するための分野（項目）に重点的に配分されてきたことは表3-1で見たとおりである。つまり韓国では政策誘導型の財源配分を行なってきたため、大学が自律的に使途を決めることのできる経常経費的な公的支援はほとんどなかったと言っても過言ではない。

二一世紀に入ってから歴代政権が重視してきたのは、第一は国際競争力強化の原動力となる世界水準の研究大学育成事業（BK21、WCU）であり、第二は国家の均衡発展を加速させるための地方大学育成事業（大学特性化、NURI）、第三は大学の構造改革事業（大学の統廃合、国公立大学の法人化）、であったと言える。これらの事業の詳細については各章で論じることとするが、高等教育財源のかなりの部分がこうした重点分野に、政府主導で配分されてきたのである。しかもこれらの財源は「選択と集中」の原則のもとで、厳しい評価（審査）を伴う競争的資金として配分されたので、強い大学はますます強くなり、弱い大学はますます弱くなるという大学の二極化を生み出すこととなった。

このように韓国の高等教育財政の規模自体は必ずしも大きいものとは言えないが、厳選して実行に移された重点事業に対しては、韓国高等教育史上初というような大型予算が次々と組まれ大胆に展開されてきたと言える。

## (2)「高等教育財政交付金法」制定に向けて

しかしながらこのような高等教育財政構造には、韓国高等教育システムそのものを脆弱なものにしていく危険性があると警鐘をならす高等教育関係者も少なくなかった。二〇〇四年に与党の国会議員有志が高等教育財源の安定的確保を目的に発議した「高等教育財政交付金法（案）」は、諸般の事情により現時点では国会で成立するには至っていないが、韓国高等教育を強化するためのきわめて重要な提案といえる。議員有志は法案の提案理由の第一として、高等教育財源の安定的確保なくして大学に国際競争力をつけさせることはできないとの認識を示し、そのためには初等中等教育（地方教育）財源をまかなっている教育税法（一九九〇年一二月三一日、全文改正、法律第四二七九号）のように、法律により交付金の税率を定めることの重要性を説いている。ちなみに教育税法によれば、税源および税率は次の四種類（①金融・保険業者の収益金の一、〇〇〇分の五、②特別消費税の一〇〇分の三〇、③交通・エネルギー・環境税の一〇〇分の一五、④酒税の一〇〇分の一〇）からなっている。第二に、現状の高等教育財政はほとんどが事業費（補助金）ベースで組み立てられているため、その使途が限定されており、事業終了後には事業費を清算しなければならない。しかし法律にもとづく交付金になれば、使途が限定されない一般財源となるため、大学の財政運営における自律性が確保される。第三に、この法律を通じて私立大学に対する経常費補助を制度化することをあげている。その理由として、韓国の私立大学の登録金引き上げは限界に来ていること、学校法人の保有している収益用基本財産の活用は十分でなく、収益は今後もあまり期待できないこと、寄付文化が韓国社会に定着していないこと等をあげている。さらに第四として、高等教育機関への進学率が八〇％を超えた状況下において、国公立大学と私立大学を機能的に差別化することが難しくなっていることに鑑み、これまでの国立大学優先の高等教育財政構造を改める必要がある。

より具体的に見ると、法案は次の四点が骨格となっている。

①高等教育財源の一部を国家が責任をもって支援することにより、国公立および私立高等教育機関を地域的に均衡ある発展に導く。

②交付金の財源は、内国税の一〇〇分の七・六％とする。

③交付金の配分は、大学評価の結果、大学特性化および構造改革、地域社会との協力、地域均衡発展等の要素を勘案してなされる。

④地方自治団体も高等教育機関の教育・研究に関する経費を負担することができるようにする。

以上のような提案は時宜を得たものであり、韓国高等教育界にとっては積年の課題を解決する上で大きな切り札になると考えられる。但し、これを実現するには初等中等教育（地方教育）財源を支えている教育税法との調整、とりわけ税源問題が大きな課題となろう。またこの法案が提案されたのは前政権（盧武鉉大統領）時代であるので、政権交代を果たした新政権下における与党議員との再調整が必要となろう。高等教育財政交付金法案の扱いは、韓国高等教育の今後を占う意味で、大きな試金石になると考えられる。

**【参考文献】**


1 馬越徹「韓国の高等教育財政」、国立財務センター研究部編『高等教育財政の国際比較』一九九九年、五八－八一頁。

2 イ・ジョンガプ「大学構造改革と財政支援の方向」、『大学教育』一三四号、二〇〇五年三、四月、一四－一九頁（韓国語）。

3 韓国教育新聞社「特集：危機の教育財政――いかに克服すべきか」、『韓国教育年鑑二〇〇六年版』二〇〇六年、八一－一四〇頁（韓国語）。

4 ソン・ギチャン「高等教育財政交付金法制定」、『大学教育』一五四号、二〇〇八年七、八月、一八－二四頁（韓国語）。

5 ＯＥＣＤ『図表でみる教育（二〇〇七年版）』明石書店、二〇〇七年。

6 教育科学技術部・韓国教育開発院『教育統計年報二〇〇八年版』二〇〇八年（韓国語・英語）。

# 第4章 「世界水準」の大学育成戦略
## ――BK21・HK・WCUが目指すもの

## 1.「BK（頭脳韓国）21」事業の創出

### (1) IMF危機をバネに

金大中政権の後半期（二〇〇二年末まで）に向けて、二〇〇〇年八月七日付けで内閣が改造された。改造内閣の教育部長官（宗梓）は、その時点において国会に上程されていた法案が通過すれば、教育部の名称は「教育人的資源開発部（仮称）」に改称され、その長官（副総理）になることになっていた。やや聞きなれない「教育副総理制」の導入は、二〇〇〇年四月の第一六代国政選挙における与党側の公約でもあったが、その契機となったのは例のIMF危機のようである。韓国が宿願のOECD加盟（一九九七年）を果たした直後に見舞われた金融危機により、気がついた時には外貨が底をつき債務返済不能（デフォルト）寸前になっていたのである。そこで韓国政府はIMFの支援を仰ぐ結果となり、金大中政権は「天国から地獄」への体験をしたことになる。爾来、IMF用語である「構造調整」は政権側の錦の御旗となっており、金融改革、財閥改革、大学改革等すべての改革は「構造調整」の名のもとに行なわれている。

構造調整を進める上で基本理念となっているのは、二一世紀が「知識基盤社会」になることが確実であり、「知」をめぐる国際競争を勝ち抜くには、これまでの「追いつけ追いこせ型」の人材では間に合わなくなっているという認識である。二〇〇〇年七月一一日付けで公表された大統領諮問・新教育共同体委員会の最終報告書の題名も「知識基盤社会に向けての教育共同体構築のための教育政策報告書」となっており、国家の命運は「人的資源の質」にかかっていると指摘し、「創意性」育成のための教育改革を提言している。創意性の育成は、教育関係部署だけでなく他省庁の合言葉にもなっており、中小企業庁が「大学生(大学院生含む)等のためのベンチャー企業創業資金運用要領」(一九九九年九月一三日)を公示して、資金面からベンチャー人材の育成を支援しているのもその現われであった。したがって、新設される予定の「教育副総理」は、教育部を含む「人的資源」関連の各省庁(科学技術部、産業資源部、情報通信部、労働部等)の調整担当長官という性格を持つものであった。

### (2) 世界水準の「研究拠点(事業団)」形成

ＩＭＦ危機をバネに、二一世紀に向けた「頭脳韓国(Brain Korea)」構想は、一九九八年の春頃から教育部の次年度(一九九九年度)予算要求に向けて具体化されたようである。当初はソウル大学の構造調整を名目に、一九九九年度からソウル大の一般会計予算一、五〇〇億ウォン(約一五〇億円)にプラスして、二〇〇三年までの五年間に一兆四、〇〇〇億ウォン(毎年二、八〇〇億ウォン)を集中的に投入し、ソウル大学を世界最高水準の大学に仲間入りさせる計画だったようである。しかしこの計画はあまりのソウル大学優遇策であったため、他の国立大学はもとより私立大学関係者からも激しい反対の声があがった。ソウル大学内部（人文カレッジ等）からも批判が出るところとなり、より包括的な「頭脳韓国二一世紀事業（通称：ＢＫ21）」に修正され、一九九九年度から実施に移されることになった。

教育部が作成した「頭脳韓国二一世紀事業ハンドブック」（二〇〇〇年三月）によれば、事業内容は次の二つに大別される。第一は世界水準の大学院育成および地域大学育成事業（七ヶ年計画）、第二は大学院の研究力向上特別事業（特化分野＝五ヵ年計画、核心分野＝三ヶ年計画）であり、前者には年間二、〇〇〇億ウォン（約二〇〇億円）が、後者には年間四九五億ウォンの予算が計上されることになっていた。但し、初年度（一九九九年度）に限っては、両者合わせて総額二、〇〇〇億ウォンでスタートした。まさに韓国学術史上、最大規模にして明確な目標を持った研究事業が動き出したのである。日本の科学研究費補助金に当たる「学術研究助成金」の総額が年間一、〇〇〇億ウォン前後の韓国高等教育界にあって、ＢＫ21は空前の事業規模であったと言える。

ＢＫ21事業は、各大学の学部・学科におかれる「事業団」（複数の大学で共同運営されるケースもある）が中心になって運営されることを特色としている。各事業団の選定は、「公募」方式により分野別に審査が行なわれ決定されるが、科学技術分野についてはあらかじめいくつかの特定分野が指定された。もう一つの特色は、事業団運営と大学院改革事業がセットになっており、研究目的のみに資金が配分される「学術研究助成金」とは性格が異なっていた。例えば、第一カテゴリー（「世界水準大学院育成」）の事業団に選定されると、大学院中心のいわゆる「研究大学」への移行措置として、①学部学生定員の削減、②大学院の門戸開放（二〇〇二年までに他校出身者を五〇％以上受け入れる）、等が課されるほか、科学技術分野の事業団等においては事業成果を「産業化」するためのインフラ整備（特許出願・維持費用の支援、ロイヤリティ収入の一部個人化、ベンチャー支援方策の樹立）も義務付けられている。また、教授の研究業績評価制の実施と人事・昇給とのリンク、入試制度改善（例えば、専攻別募集の廃止、無試験選考の拡大実施等）の改革課題まで要求されている。このようにＢＫ21事業には、大学改革を実現するための諸条件が組み込まれていたのである。

### （3）ベンチマーキング方式

初年度（一九九九年度）に選定された「事業団」について見ると、科学技術分野二六、人文社会分野一八、地域大学育成分野一三、特化分野一二、計六九事業団であった。ところが選定された分野を仔細に検討すると、人文社会分野を除くとほとんどが科学技術分野である。地域大学育成分野は、地方国立大学の科学技術分野（情報技術・通信、機械工学、輸送・機械等）に配慮したものであり、特化分野は確かにユニークな分野（漢方医学、映像、デザイン、外国語、情報通信等）が選定されていたが、ほとんどが首都圏の私立大学である。要するに、ソウル大学への集中支援計画に激しく反対した地方国立大学と有力私立大学に、分野を特定して資金配分した苦心の作がＢＫ21なのである。ＢＫ21計画の中核をなす科学技術分野二六事業団の予算について見ると、その約五八%がソウル大学の事業団(一二)に集中しており、残りの四二%を浦項工科大学、延世大学、高麗大学等、ごく限られた最有力私大が分け合う形になった。政府が事あるごとに主張している「世界水準の大学」育成という基本理念は一応貫かれた格好になっている。

その例として、科学技術分野に限っては、選定された事業団ごとにベンチマーキング大学が指定されている。言うまでもなくベンチマーキングとは、業界最優良企業を目標に業務改善を行なう経営学の戦略であるが、BK21事業(科学技術分野)においてはベンチマーキング大学およびそれに準じる協力大学を指定して、それらの大学から研究協力を仰ぐことを前提に事業の申請を教育部に行なうことになっていたのである。教育部の作成したハンドブックによれば、情報技術分野の事業団を運営するソウル大学がベンチマーキングした大学は、MIT、スタンフォード、カリフォルニア(バークレイ校)、ミシガン、医学・生命分野の事業団(延世大学)のそれはハーバード、ジョンズホプキンス、エール、機械工学の事業団(浦項工科大学)の場合はCIT(カルテック)、コーネル、MIT、スタンフォード、いずれも世界有数の大学である。科学技術分野八領域(情報技術、医学・生命、農学・生命、生物学、機械工学、材料工学、化学、物理学)のベンチマーキング大学は九八大学(述べ数)、そのうち九二大学はアメリカのトップレベルの大学であり、残り六校は東京大(四分野)、大阪大、ケンブリッジ大となっている。さらにベンチマーキング大学に準じる協力大学一一二大学について見ると、七八大学(約七〇%)はアメリカの大学から選ばれており、それに次いで多いのは日本の一六大学(約一四%)

である。

### （4）若手研究者への重点投資

ＢＫ事業の中身を点検してみると、その核心は「若手研究者」の育成にあると言える。当然のことは言え、二一世紀の韓国の学術研究を担っていくのは現在の大学院生であり、ポスドク学生であるからである。教育部のハンドブックによると、ＢＫ21事業支援資金の約七〇％を、若手研究者養成のための奨学金（研究奨励金）、研究助手（ＲＡ）雇用、海外研修・留学に当てることが明記されている。それを裏付けるデータを紹介すると、ＢＫ21の中核事業となっている科学技術分野と人文社会分野の事業団に参加している教授数は一、六七〇名（そのうちソウル大七九三名＝約四七％）に対し、参加大学院生数は一〇、九六〇名（そのうちソウル大五、二〇八名＝約四八％）、ポスドク学生七七七名（そのうちソウル大三七〇名＝約四八％）となっており、教授一人に学生（大学院生・ポスドク学生）七名の学生が採用されている。大学院学生の場合、研究助手（ＲＡ）として採用されるケースが多いが、修士課程（韓国では「碩士課程」）学生は月四〇万ウォン（約四万円）、博士課程の学生は月六〇万ウォン（約六万円）が一律に支払われている。またポスドク学生の場合は年間一、五〇〇万ウォン（約一五〇万円）で契約されている。

以上に見られるように、若手研究者の約四八％がソウル大に集中していることからも、ＢＫ21事業がソウル大（自然科学系）中心の事業であることは明瞭である。実際、ソウル大学の大学院生総数約

七、〇〇〇名のうち五、二〇八名（約七四％）が、この事業に参加し何らかの研究費支援を受けていることになる。同時に彼らは、各事業団に課されている研究課題の実質的な推進者でもある。指導教授のもとに数名の大学院生がチームを作り、報告書作りから事業団の運営事務まで一手に引き受けている。事実、BK21事業でもっとも忙しいのは大学院生であり、本来の学位論文執筆に集中できないとこぼしている学生もいるほどであった。各事業団は、事業課題を推進するために、ポスドク学生を公募し契約ベースで採用するほかに、国内の若手契約教授（年間約三七〇名：一人当たり年間二、四〇〇万ウォン＝約二四〇万円、自校で博士学位をとった者を三〇％以内に抑えインブリーディングを防止）および外国の碩学教授（年間約一四〇名：一人当たり年俸一〇万ドルまで支給可）の採用を積極的に進めている。

またこの事業のもう一つの特色として、若手研究者の「海外研修」を積極的に行なっていることが挙げられる。BK21に関係しているほとんどの大学院生は、教授とともに（または単独で）海外の大学での短期研修（資料収集等）や国際学会への参加の機会を得ており、海外の大学（人）からは、BK事業団ではなく「BK旅行団」ではないかと冗談が出るほど海外研修熱は高まっている。それもそのはず、初年度（一九九九年）に計上された海外研修予算だけでも約八九億ウォン（約九億円）にのぼっているのである。これらのほかにBK21では、六ヶ月から一年半の長期海外研修制度（年間五〇〇名予定）を設けており、海外のいわゆるベンチマーキング大学で研修させ、執筆中の博士学位論文のレベルアップをはかることも試みている。これらの海外研修プログラムは、事業団ごとに公募の上、厳しい審査のもとに候補者を決めている。

## (5) 第一期BKの特色と成果

BK21事業がスタートした経緯は以上の通りであるが、韓国学術振興財団は年度ごとの事業評価を行ない、事業自体の見直しも視野に入れている。特に次の点はBK21の特色として指摘できるであろう。

第一に、BK事業は「世界水準」の大学育成計画という明確な目的のもとに、全国二七〇大学(四年制)の中の一〇%にも満たない二〇校前後の大学(特に自然科学系分野)を集中支援する計画であり、とりわけソウル大学への支援が大きな比重を占めている。第二に、一般的な科学研究費助成とは異なり、BK事業の助成は特定の個人や共同研究代表者に対してではなく「事業団」に対してなされる。したがって助成を受けた事業団は研究課題の遂行とともに、事業団の基礎単位となっている学科・専攻(大学院研究科)を「世界水準」にするための改革に着手することが義務付けられている。第三に、この事業の目的が質の高い若手研究者を大量に養成するための計画であり、しかも当面七年間という中期目標を掲げ、それを実現するための多様なプログラムが組まれていること等を挙げることができる。つまりBK21全体の事業規模は、年間二、〇〇〇億ウォン(二〇〇億円)であるので、見方によってはそれほど膨大なものとは言えないかもしれないが、重点配分であるので一事業団当たりの助成金額はかなりのものであり、事業を通じて研究活動(特に若手研究者)は目に見えて活気づいているのである。

筆者の所属していたソウル大学師範カレッジの教育学科（教授陣は二〇人程度）にも、「アジア・太平洋地域の教育基礎学基盤拡充」事業団がスタートしていたが、理工系に比べると少ないとは言え、年間一〇億ウォン（約一億円）の予算がついており、七八名の大学院生、一〇名のポスドク学生がこの事業に参加し、ほとんどの大学院生がBK要員となって土日返上で働いていた。同じくソウル大法学カレッジの事業団の場合、これまで司法試験や行政考試（上級職公務員試験）にしか関心がなかった大学院生に、研究活動面で大きな刺激を与えているようである。理工系学部・学科の場合は言わずもがなである。

政府の報告書によれば、第一期BK21（一九九九〜二〇〇五年）の成果として、次の三点を挙げている。第一は大学院生の海外研修の成果であり、二ヶ月以上の長期海外研修件数二、八〇〇余名、二ヶ月以内の短期訪問研究および学術大会・国際会議参加五六、七〇〇余名の実績を残した。第二に、研究の量的・質的向上であり、SCI（引用検索データベース）級の論文数が三、七六五件（一九九八年）から七、二八一件（二〇〇五年）に倍増している。また同時期のSCIの国家順位が、一八位から一二位に躍進した。また科学技術分野のSCIインパクトファクター（論文被引用回数）が一・九（一九九九年）から二・四三（二〇〇五年）に増大している。第三に、研究中心大学育成の制度的基盤整備が整った例として、教授業績評価制の導入、学士課程入学定員の削減、大学院の門戸開放、類似学科の統廃合等を挙げている。これらの成果が、第一期BKに投入された一兆三四二一億ウォンに見合ったものであったか否かについては、今後の検証が待たれるところである。

### (6) 第二期BKの現状と問題点

政府および韓国学術振興財団は、第一期BK21の成果を継承して、次のような具体的目標を掲げて第二期BK(二〇〇六〜一二年)の募集を開始した。第一は、二〇〇六年より毎年二〇、〇〇〇名の大学院生に資金支援事業を行なう(修士課程院生の場合月額五〇万ウォン以上、博士課程院生の場合月額九〇万ウォン以上、ポスドク研究員の場合月額二〇〇万ウォン以上)、第二は二〇一二年までに世界水準の研究中心大学を一〇校育成し、SCIの国家順位を一〇位以内に引き上げる、第三は二〇一二年までに大学から企業への知識移転順位を世界の一〇位以内に引き上げる(二〇〇五年現在、IMDによれば韓国の順位は二一位)等である。予算規模は年間二、九〇〇億ウォン(約二九〇億円)、七年間の総額二兆三〇〇億ウォン(約二、三〇〇億円)となっている。

事業内容(分野)は第一期BKとほぼ同様であるが、「地域大学育成」分野は別の事業(NURI)として行なうようになったため第二期の事業には入っていない。また第一期においては事業単位がいわゆる「事業団」と革新的研究を行なう「小型事業チーム」に二分され、さらに全体の採択件数を大幅に増やしたため、一事業団・事業チームへの資金配分額は第一期のそれに比べると少なくなっている。採択状況は**表4-1**に見られるように、事業団、事業チームを合わせると五六九(七四大学)にまで増大している。その内訳についてみると、在来型の事業団(二四四)の場合、科学技術分野(基

### 表4-1 第二期BK21事業団の現況（2007年）

| 志願分野 | | 事業団（チーム）数 |
|---|---|---|
| 科学技術 | 基礎科学 | 51 |
| | 応用科学 | 107 |
| 人文科学 | | 61 |
| 革新（小型事業チーム） | 科学技術 | 246 |
| | 人文社会 | 79 |
| 専門サービス | 医療（医・歯学） | 21 |
| | 経営（MBA） | 4 |
| グローバルキャンパス・プログラム | | — |
| 合　計 | | 244事業団、325事業チーム |
| | | 総計74大学（569事業団・チーム） |

【出典】参考資料4より作成

礎科学、応用科学）一五八（六五％）、人文社会分野六一（二五％）、専門サービス分野二五（一〇％：医・歯系八・四％、経営系一・六％）の順になっており、第一期と同様に理工系分野が優先的に採択されている。また、小規模の革新的研究を行なう事業チーム（三二五）についても、科学技術分野二四六（七五・七％）、人文社会分野七九（二四・三％）となっており、在来型の事業団以上に科学技術分野が優遇されている。

このように第二期ＢＫでは、第一期の約八倍に当たる五六九の事業団・チームが採択され、七四の大学にＢＫ21の拠点（一大学当たり七・七件）が誕生したのであるが、このようなＢＫ事業単位の細分化が、いわゆる世界水準の研究大学を育成するという当初の政策意図を十全に実現することになるのか、あるいは研究費配分の平等化にすぎなくなるのかについては、予断を許さないところである。ソウル大学一校を特定して世界的一流大学に育成しようということが契機となって始まったＢＫ事業の「大衆化」は、ＣＯＥ（優秀研究拠点）形成そのもののあり方が問われていると言えるのかもしれない。

## 2. ＨＫ（「人文韓国」）事業の新展開

### (1) なぜいま「人文学」の振興か

近年アジア諸国では、競争的資金配分によるＣＯＥ（優秀研究拠点）形成が盛んであり、中国の「二一一工程」、「九八五工程」はつとに有名であるが、韓国でも「ＢＫ21（頭脳韓国二一世紀事業）：第一期七ヶ年計画（一九九九〜二〇〇五）」が一九九九年にスタートし、年間約二、五〇〇億ウォン（約二五〇億円）が投入されたことは、前段で述べたとおりである。

ただ第一期ＢＫの事業団選定当時から、理・工・医系に偏っているとの批判が、人文・社会科学関係者からなされてきた。さらに二〇〇六年に始まった第二期ＢＫの事業団選定においては、選定された五六九事業団のうち人文科学と社会科学を合わせても六一事業団（一〇・七％）にとどまる結果となり、とりわけ人文科学（語文、歴史、哲学および韓国学等）は一〇数大学にすぎなかった。こうした結果に対し、「ＢＫ事業は人文学を死滅させる」との強い批判が展開され、各種メディア（主として新聞）もこれに呼応するところとなり、盧武鉉政権（教育人的資源部）は、ＢＫ21事業とは別枠の人文学振興計画、すなわち「人文韓国（Humanities Korea）」事業を打ち出したのである。なお、社会科学についてはＢＫ21で対応することとした。

## (2)「人文韓国」事業の基本設計

もともと人文学の研究は個人ベースで進められることが多く、理・工・医系に比べCOEのような拠点形成事業にはなじまない傾向にある。もちろん韓国の大学にも、かなりの数の人文系研究所(研究センター)が設置されており、研究が積み重ねられてきた。ところが韓国の大学の人文系研究所は、ほとんどの場合専任研究員がおかれておらず、関係学科の教授、副教授が兼任する形で細々と運営されてきたにすぎなかった。

このような現状を打破すべく、人文学の振興を目的とする「人文韓国(HK)」事業では、研究所にターゲットを絞って重点的に助成することとした。HK事業では、専任研究員を雇用する人件費を保証すると同時に、一〇年後の事業終了時には大学の自己努力で、専任研究員を大学の正規教員定員(定年保証付き雇用)に組み込むことを条件とする支援計画を発表したのである。このように研究所に専任教授・研究員をおくことを制度化する事業を設計した際、ベンチマークした研究所として、欧米のいくつかの研究所とともに日本の京都大学人文科学研究所が含まれていた。

この事業を統括する教育人的資源部傘下の韓国学術振興財団が発表した「人文韓国支援事業申請要綱」(二〇〇七年六月)によれば、事業目的として「①研究所内の研究主体勢力を養成することを通じて人文学研究のインフラ構築と国際的水準の研究力量をつけさせること、②研究アジェンダ(主題)は学問的・社会的需要を反映した学際的なものであること、③世界的研究成果の普及を通じて知識基盤の付加価値を強固なものとすること」をあげ、研究アジェンダの大枠として、次のような項目を例示して募集を開始した。

・社会の人文的基礎に関する研究
・科学技術の発展と倫理
・韓国思想、歴史、文化研究
・東アジア研究
・世界各地域および国家全般に関する研究

年間支援総額は二〇〇億ウォン（約二〇億円）、支援期間は一〇年間という長期計画である。ただし採択された研究所も、三年ごとに再申請を行ない、実績評価に応じて助成額が再調整される仕組みとなっている。支援対象は、①人文学関係の研究所、②海外地域を研究対象とする研究所（日本研究所はこのカテゴリーに属する）の二種類とし、①に関しては、大型研究（年間予算額一〇～一五億ウォン、初年度五～一〇研究所）と中型研究（年間予算額五～八億ウォン、初年度五～一〇研究所）に分けて募集することとした。

応募に当たっては、研究人員に関して次のような条件がつけられた。大型研究の構成メンバーは、所長に加えて、三種類の研究員（①一般研究員：人件費を伴わない兼任の場合は人数自由、②人件費を伴うHK研究教授およびHK研究員は計一〇人以上、③研究補助員：大学院生、学部生は人数自由）と行政職員二名以上というものであった。中型研究の場合の申請条件は、人件費付きの研究員が五名以上となっている以外は、大型研究の場合と同一であった。なお、HK研究教授とHK研究員の場合、同一校で博士学位を取得した者を五〇%以下に抑える条件をつけている点が注目される。

### (3) 韓国が目指す人文学振興——選定結果と今後の展望

審査は第一段階（予備審査：書類審査と面談）、第二段階（書類審査と面談）、第三段階（総合審査）を経て、二〇〇七年一一月二日に最終結果が発表された大型研究には二一大学から申請があり、次の五大学（採択率二三・八%：国立三校、私立二校）が採択された。

・梨花女子大学梨花人文科学院
・全北大学全羅文化研究所
・釜山大学民族文化研究所
・ソウル大学人文学研究所
・成均館大学東アジア学術院

人文・中型研究には、八一大学から申請があり、次の一〇大学（採択率一二・三%：国立三校、公立一校、私立六校）が採択された。

・金剛大学仏教文化研究所
・延世大学メディア・アート研究所
・翰林大学翰林科学院

・仁荷大学韓国学研究所
・釜山大学人文学研究所
・慶北大学嶺南文化研究所
・聖公会大学東アジア研究所
・江原大学人文科学研究所
・ソウル市立大学人文科学研究所
・順天大学智異山文化圏研究院

海外地域を対象に「地域研究」を行なう海外型研究には五一大学から申請があり、次の三大学（採択率五・九％：私立三校）が採択された。

・漢陽大学亜細亜太平洋地域研究センター
・釜山外国語大学地中海研究所
・高麗大学日本学研究センター

選考結果を見るとかなりの激戦で、私立大学優位の結果であるが、選ばれた研究所はこれまで一定の実績を上げてきていただけに、妥当なものと関係者には受け止められている。また、政府がHK事業をスタートさせたことにより、各大学の経営陣も「人文学」研究の重要性を再認識し、人文系研究所（センター）を大学の正規の機関として位置づけ、事業費を予算化するなどの措置を講じ始めている。これにHK事業による専任研究員に対する人件費助成というインセンティブが加わった

表4-2 「人文韓国（HK）」関連事業予算

| 事業名 | 期間 | 年度別予算 | |
|---|---|---|---|
| | | 2008年 | 2009年 |
| 人文韓国（HK） | 最長10年 | 326億ウォン | 394億ウォン |
| 人文叙述支援事業 | 3年 | 28億ウォン | 43億ウォン |
| 人文学の社会化・大衆化事業 | 1年 | 27億ウォン | 27億ウォン |
| 合計 | | 381億ウォン | 464億ウォン |

ことにより、大学院生の「人文学離れ」にも歯止めがかかるとの期待感も高まっている。

### （4）事業規模の拡大

ＨＫ事業を所管する教育科学技術部と韓国学術振興財団が二〇〇九年三月に発表した資料によれば、二〇〇八年度より本体事業（ＨＫ）を補強する事業として、人文科学関係書籍の出版助成を目的とする「人文叙述支援事業」、人文学の社会的啓蒙を目的として開催される市民人文講座や人文週間事業への助成を目的とする「人文学の社会化・大衆化事業」が追加された。また、ＨＫ事業のうち、中型研究拠点三ヶ所、地域研究拠点六ヶ所が二〇〇九年度に新規に募集されることとなったようである。二〇〇九年度の予算規模は、**表4-2**に見られるように総額四六四億ウォン（約四六億円）となっており、当初計画（二〇〇七年度）から二・三倍増、前年度比二二％を記録しており、事業規模の拡大が顕著である。

ＨＫ事業の規模拡大の背景には、理工系への支援事業に比べて予算規模が少なくてすむだけでなく、人文学が学術の国際競争の土台となる学問であること、また人間の生きる意味や国家・社会の統合をもたらす基礎学問であるとの認識が強まっていることが挙げられる。

## 3. 学術先進国を目指すWCU事業およびSKP計画の新展開

### (1) 海外高級人材の獲得を目指すWCU事業

一九九〇年代後半以来、韓国の高等教育政策においてもっとも力点がおかれてきたのは「世界水準の研究中心大学の育成」であり、前段で見たBK21およびHKはその中心をなす事業であった。これらは大学の研究プロジェクト・グループ(事業団)および研究所に予算措置をして、研究を活性化する手法であった。

これに加えて、李明博《イミョンバク》政権の誕生と機を一にして、新たに「世界水準の研究中心大学(World Class University:WCU)育成」事業が打ち出された。WCU事業は五年計画(二〇〇八～一二年)、総額八、二五〇億ウォン(年間一、六五〇億ウォン)、事業内容は世界水準の高級研究人材を韓国の大学に招致することに焦点を絞ったものである。海外の高級人材の獲得に特化したWCU事業は、BK21に匹敵する予算規模を持つものであり、「科学技術強国」を標榜する韓国の新戦略であると言える。事業は次の三類型からなっている。

類型—I:専攻・学科開設(海外・国内の有能な専門人材をフルタイムで招致し、新しい成長の原動力となる専攻・学科新設を支援する。海外人材の場合、最低三年以上の契約とする。)

類型－Ⅱ：個別学者招聘（海外の有能な人材をフルタイムで最低三年以上、学科および研究所に招致し、新しい成長の原動力となる分野の研究を推進する共同研究チームを形成する。）

類型－Ⅲ：世界的碩学招聘（世界最高水準の碩学〈ノーベル賞受賞者、全米技術アカデミー会員等〉を一～三年契約で招致し、年間少なくとも二ヶ月以上の滞在・活動を原則とする。）

これまでのところ、第一次募集（二〇〇八年六月）では、四〇〇件の申請の中から、三段階の審査（①専攻パネル審査、②国際ピアレビュー、③総合パネル審査）を経て一四六課題が採択され、引き続き第二次募集（二〇〇九年三月）においては一四一課題の申請があり、審査が行なわれている。

なお、選定された課題に対して、韓国科学財団は任意抽出法により研究遂行状況を点検し、特に支援大学の一部を無作為抽出して研究費執行の適切性などをチェックする体制をとっている。また、支援類型ごとに協議体を構成し、定期的に運営することにより、それぞれの優秀事例（Best Practices）を選定することも計画されている。

## （2）留学生受け入れ一〇万人計画（Study Korea Project：SKP）

以上見てきた研究拠点形成事業とならんで近年注目されているのが、留学生受け入れ計画の新展開である。これまで韓国は、アメリカを中心とする米欧の大学への留学生送り出しには官民含めてきわめて熱心であったが、受け入れについては必ずしも積極的ではなかった。ところが二〇〇四年一一月にStudy Korea Projectをスタートさせ、二〇一〇年までに留学生を五万名に増やす目標を設定して以来、状況が一変することになった。二〇〇四年時点で約一万七千名にすぎなかった受け入れ留学生が、三年後の二〇〇七年に早くも約五万（四九、二七〇）名に達したことを踏まえ、政府は二〇一二年を目途に「留学生受け入れ一〇万人計画（SKP）」を発表したのである。

これを機に、政府は二〇一二年までに韓国政府招聘留学生を三、〇〇〇人規模に拡大する計画を立てている（二〇〇七年現在五八一名）。また一〇万人計画を推進するために、韓国留学に関する広報活動の強化（韓国留学フェアの開催等）、学習環境の改善（英語による講義や韓国語研修プログラムの運営改善）、留学生の出入国管理制度の改善（査証・滞在許可の手続きの簡素化、卒業後の就職活動のための在留期間の延長：六ヶ月→一年）等、国家レベルでの取り組みが始まっている。

東アジアにおける留学生招致は、日本の留学生受け入れ一〇万人計画が二〇年の歳月を要して実現したのは周知の事実であるが、その後、中国、韓国はもちろん、これまで留学生送り出し国であった東南アジアの各国も留学生招致活動に「参戦」してきており、留学生市場をめぐる動きには新たな展開が予想される。

**【参考文献】**

1　教育部「頭脳韓国二一世紀事業ハンドブック」二〇〇〇年、一七三頁（韓国語）。
2　馬越徹「『世界水準』の大学育成計画――BK21事業の展開」、『IDE：現代の高等教育』四二二号、二〇〇〇年一〇月、六四‐六九頁。

3 教育人的資源部『頭脳韓国二一――事業成果報告書』二〇〇四年、二七〇頁（韓国語）。
4 馬越徹「アジアの大学が躍進――タイムズ紙ランキングより」、『教育学術新聞』二〇〇七年一月二四日。
5 韓国大学教育協議会「特集：第二期ＢＫ21事業の展望と課題」、『大学教育』一三九号（二〇〇六年一、二月）（韓国語）。
6 鄭圭永「韓国高等教育の国際化と留学生施策」、『留学交流』二〇〇六年一〇月、一八‐二一頁。
7 韓国学術振興財団『人文韓国（Humanities Korea Project）申請要綱』二〇〇七年（韓国語）。
8 Ministry of Education & Human Resources Development, *Brain Korea* 21, 2007.
9 馬越徹「韓国における人文学振興事業：人文韓国（Humanities Korea）の戦略性」、『教育学術新聞』二〇〇八年一月九日。
10 韓国教育科学技術部「世界水準の研究中心大学（ＷＣＵ）育成事業確定公告」、『報道資料』二〇〇八年六月一九日（韓国語）。
11 韓国教育新聞社「世界水準の研究中心大学育成――ＷＣＵ」、『韓国教育年鑑二〇〇九年版』二〇〇九年、一七〇‐一七二頁（韓国語）。
12 韓龍震「韓国のＢＫ21およびＷＣＵ事業に関する現状と課題」、『桜美林高等教育研究』第二号、二〇一〇年三月、七九‐九三頁。

# 第5章　地方大学の活性化戦略――NURI事業を中心に

## 1. 盧武鉉政権の地方大学政策

韓国の政治風土を規定している二大要因は、李氏朝鮮王朝以来の中央集権体制と、地域間対立であると言われてきた。特に後者は、三国時代（新羅、百済、高句麗）にまでさかのぼる歴史的宿命であるとも言われている。いずれにしても、中央と地方、地域間格差の是正、すなわち均衡ある国家発展は、文民政権誕生以来の大きな政治課題であったといって間違いない。とりわけインターネット世代により大統領の座を射止めた盧武鉉にとって、均衡ある国家発展は政権の最重要課題であった。就任後一年以内に早々と、「国家均衡発展特別法」（法律第〇七〇六一号：二〇〇四年一月一六日）を成立させ、地域間の不均衡是正に取り組む姿勢を鮮明にした。

高等教育政策についても、大統領就任に先立ち組織された政権引き継ぎ委員会において「地方大学と地方文化育成推進課題」が重点課題として取り上げられ、中でも①大学の革新力量を通じての地域発展の先導、②大学・産業体・研究所・自治体の連携、③地方大学と地域産業の協力推進等が、具体的な政策課題として挙げられていた。このような文脈の中で、二〇〇四年を初年度とする「地方大学革新力量強化事業」(この事業は「NURI事業」と総称されるようになる。NURIとは英語の New University for Regional Innovation の略称)はスタートすることとなった。この事業は五年間(二〇〇四〜〇八年)に総額一兆四、〇〇〇億(約一、四〇〇億円)ウォンを投入して地方大学を活性化させようとする韓国高等教育史上でも類のない大がかりな事業として注目されることとなった。

実のところ、第4章でみた世界水準の研究拠点を創出することを目的とした「BK21事業」においても、五領域(科学技術、人文社会、地域大学育成、特化分野、新規分野)の中の一領域として「地域大学育成」は位置づけられていたのであるが、五領域全体に占める比率は大きいものではなかった。そこで新政権は、BK21事業の第一期(一九九九〜二〇〇五年)が終わるのを機に、「地域大学育成」領域を切り離し、新しい理念のもとに総合的な観点から地方大学の育成をはかる独立した大型プロジェクト(NURI)を創設することにしたのである(したがってBK21:第二期事業〈二〇〇六〜一二年〉においては、「地域大学育成」は除外されている)。

このような経緯でNURI事業は盧武鉉政権の重要施策と位置づけられ、金大中政権から引き継がれたBK21とともに、高等教育政策の二本柱の一つとして展開されることとなった。

## 2.「地方大学力量強化(NURI)」事業の展開と成果

韓国で「首都圏（ソウル特別市・仁川広域市・京畿道）」と「地方」が常に対比的に議論されるのは、公的機関や私企業（本社）などを含めヒト・モノ・カネが首都圏に集中しているためである。二〇〇〇年時点の指標で見ると、人口の四六・六％、国家・公共機関の八四・七％、大企業三〇社（本社）の八八・五％、トップテン大学の八〇％、銀行預金額の六七・九％が首都圏に集中していた。高等教育関係について見ると、大卒就職率（二〇〇三年の場合、首都圏：五四・一％、地方：四九・五％）を初め、ほとんどの教育条件において首都圏の大学が優位に立っている。したがって、近年話題になっている学部編入学の動向をみても、首都圏から地方の大学への編入はわずか九・七％（二〇〇三年）、大学教員の地域間移動は首都圏から地方大学への移動も三・五％（二〇〇四年）にすぎず、多くの知的資源（人材）が地方から首都圏に流入（流出）するという悪循環が続いているのである。

## （1）NURI事業の制度設計

### A．目的と性格

NURI事業は首都圏と地方との大学間格差を是正することを目的にスタートしたため、首都圏（ソウル特別市、仁川広域市、京畿道）の大学はこの事業に応募することができない。新政権がこの事業に託した目的は、次の三点にあった。

①地方大学の特性化と競争力強化（地域発展と連携する特性化分野を集中的に支援し、地方大学の競争力を強化する。特性化分野の入学定員充足率一〇〇％、教員確保率八〇％を目指す。）

②優秀人材の養成による地域発展の促進（地域と連携して大学教育の内容を充実し、地域社会が必要とする優秀な人材を養成する。また現場に適応できる多様な教育プログラムを開発し、卒業生の就業力を高める。NURI事業が完結するまでに、地方大学の就職率を七〇％以上にする。）

③地域革新クラスターを構築するための土台整備（産業界、大学、研究所間の有機的連携を通じ、大学を中心とする地域革新クラスターを構築し、その核心部分として「地域人的資源開発」（Regional Human Resource Development: RHRD）を促進する。）

さらにNURI事業の性格として、次の三点が挙げられている。第一は、この事業はあくまでも特性化された分野の人材養成のための優れた教育プログラムに対する支援である。第二に、養成される人材は高級専門人材や現場技術人材だけでなく、中堅専門人材の養成を含む。さらに第三に、この事業の運営は地域発展に関する大学側の自発的な事業計画と「地域単位協議体」との協力関係にもとづくボトムアップ方式を基本とする。

**B.「事業団」の規模・応募要件・審査過程**

NURI事業でもっとも重要な点は、この事業が首都圏を除く広域市を含む全国一三の地方自治体内に構成される「地域人的資源開発協議会」によって統括されるという点である。これは国家均衡発展特別法によって規定されている「地域革新協議会」の構成原理と一致している。すなわち、釜山広域市、大邱広域市、光州広域市、大田広域市、蔚山広域市の五広域市に加え、忠清北道、忠清南道、全羅北道、全羅南道、慶尚南道、慶尚北道、江原道、済州道の八道を加えた一三自治体が

ＮＵＲＩ事業の主体となるのである（なお、大邱広域市と慶尚北道、光州広域市と全羅南道はその社会・経済関係の深さに鑑み「超広域」体として共通の「地域革新協議会」を作ることが認められている）。このことはＮＵＲＩ事業が新政権の重点的高等教育政策（地方大学育成）であるとともに、新政権の国家政策の全体構造から見れば、地域における人的資源開発の一手段として位置付けられていることを意味していると言える。

ＮＵＲＩ事業団に応募できるのは、首都圏を除く地方の四年制大学（学科または学科を統合した教育組織としての「学部」以上の単位）である。採択された大学は「中心大学」として事業運営の主体となり、その他の地方大学は「協力大学」として事業団に参加することができる。また地方自治体、産業体、研究所等の参加も可能であり、外国大学との連携も許容されている。但し、大学以外の参加機関はこの事業に応分の拠出金を出すことが義務付けられており、「大型」事業（年間予算が三〇～五〇億ウォン）の場合であれば、地方自治体は事業予算の一〇％を負担する必要がある。事業団の会計は大学内に設置が義務付けられている「産学協力団」が管理することになっている。

事業団の規模は**表5-1**に見られる三類型からなっており、各大学はそれぞれの目的に即した規模（類型）を選択して申請作業を行なう。事業団全体に配分される金額は、初年度（二〇〇四年）が二、二〇〇億ウォン、次年度（二〇〇五年）二、四〇〇億ウォン、二〇〇六年および二〇〇七年度各三、〇〇〇億ウォン、最終年度（二〇〇八年）三、四〇〇億ウォン、合計一兆四、〇〇〇億ウォンが予定されており、地方大学を対象にしたこれまでにない巨額の事業である。

**表5-1　NURI事業の規模類型**

| 類型 | 目　的 | 支援額（年間） | 必須要件 |
|---|---|---|---|
| 大型 | 「国家均衡発展5ヶ年計画」による「地域戦略産業」の育成・発展に必要な人的資源開発 | 30～50億ウォン | 自治体および企業体の参加（自治体は支援額の10%を拠出） |
| 中型 | 地域における産業・経済の基盤醸成に資する人文、社会、自然科学、工学等、多用な分野の人的資源開発 | 10～30億ウォン | 自治体および企業体の参加（参加機関は支援額の5%を拠出） |
| 小型 | | 10億ウォン | 1以上の外部機関の参加 |

なお、各大学（「中心大学」、「協力大学」共通）は申請に当たって、表5−1に見られる必須要件を満たすと同時に、①新入生の入学定員充足率を、大学全体として八〇%以上、申請単位となる学科・「学部」等九〇%以上を維持していなければならない（その基準を満たしていない場合には、入学定員の削減をはかる）、②教員確保率が申請時に大学全体として六〇%以上であり、年次進行で目標年度までに七〇%まで引き上げる、申請単位となる学科・「学部」等の場合は、申請時には特に制限はないが年次進行で八〇%以上まで引き上げる、③申請大学に「産学協力団」の設置を義務付ける、以上の三点を満たしていることが申請の要件とされたのである。

このような条件を満たした上で各大学は、事業申請書を教育人的資源部に提出する。教育人的資源部は、部内に設置している選考委員会において、各大学の申請書と各地方自治体（「地域人的資源開発協議会」）から提出された推薦・意見書を合わせて審査し、事業団を選定し、その結果を各大学に通知する手順となっている。なお、選定された事業団の管理や評価（年次および中間評価）は、二〇〇四年から二〇〇六年までは教育人的資源部内に設置された委員会が行なってきたが、二〇〇七年度からはN

**表5-2 NURI事業団の選定結果(2004年度)**

| 区 分 | | 合計 | 大型 | 中型 | 小型 |
|---|---|---|---|---|---|
| 事業団数 | | 112 | 25 | 25 | 62 |
| 年間支援額(億ウォン) | | 2,135 | 1,032 | 604 | 499 |
| 事業団型別・年平均支援額(百万ウォン) | | 1,906 | 4,128 | 2,414 | 805 |
| 参加機関 | 大学(協力大学含む) | 113 | 79 | 55 | 66 |
| | その他協力機関 | 1,000 | 388 | 290 | 322 |

URIおよびBK21事業の管理および評価を韓国学術振興財団に業務委託することとなったため、財団内に七名の専門スタッフからなる専属の事務局をおき、その「BK-NURI管理委員会(四五名)」が事業の管理および評価に当たることになった。

実際の選定作業は、三類型それぞれに詳細な審査基準が定められており、それにもとづいて進められる。例えば「大型」事業団の場合、審査基準は次の五領域からなっており、領域ごとの配点比率にそって応募大学の総点を数値化し、採択の可否を決定する。

・大学の力量(専任教員確保率、入学定員充足率):一〇%
・事業目標(地域産業分野における人材の必要性):五%
・事業団の構成・運営(外部参加機関の適切性、事業団運営計画):一五%
・事業内容(事業の多様性・独創性、参加大学の教育計画の優秀性および特性化の計画性、参加大学間の交流・協力度、財政執行計画の適切性等):六〇%
・事業成果への期待(大学および地域革新の効果、成果指標の適切性):一〇%

**C. 審査結果と評価体制**

初年度(二〇〇四年)に採択された事業団は、**表5-2**に見られるとおり、一一二事業団(大型:二五、中型:二五、小型六二)であり、申請件数四五四件の二四・七％に当たる。事業類型により年間支援額は異なり、大型の場合は一事業団当たり四一億二、八〇〇万ウォン、中型二四億一、四〇〇万ウォン、小型八億五〇〇万ウォンとなっている。参加大学（中心大学、協力大学含む）は合計一一三校、その他の参加機関（企業、地方自治体、NGO等）は一、〇〇〇を数える大規模な事業であることが分かる。

ここで指摘しておかなければならないのは、NURIは、成果管理（年次評価および中間評価）が厳密であることを特色としていることである。二〇〇五年度の場合、年次評価結果にもとづき七事業団（七二億ウォン相当）の選定取り消し、六一事業団の事業費削減（一七三億ウォン）を決めている。二〇〇六年度の場合も、二事業団の選定取り消し（一五億ウォン）、三四事業団の事業費削減（六一億ウォン）措置をとっている。こうした選定取り消しで生じる事業費を利用して、毎年追加募集を行なっている。その結果、二〇〇六年一二月時点で、「事業団」数は一三〇（大型：三六、中型：三三、小型六一）、参加大学一〇九校（四年制大学七七校、専門大学三二校）となっている。また事業団活動に参加している教員は七、四八四名、この事業を通じて奨学金を支給されている学生（大学院生含む）は一九万名（地方大学生の一〇％）を数えている。

なお二〇〇七年度からは、先述した韓国学術振興財団内に設置された「BK－NURI管理委員会」がさらに厳しい専門的評価を行なうことになっているが、他方において優秀な成果を挙げた事業団に対しては、追加支援という形のインセンティブ（二〇〇五〜〇六年度の場合、一二事業団に対して一三億ウォン）や優秀事業団の表彰等を通して事業の活性化をはかっている。また年次・中間評価の

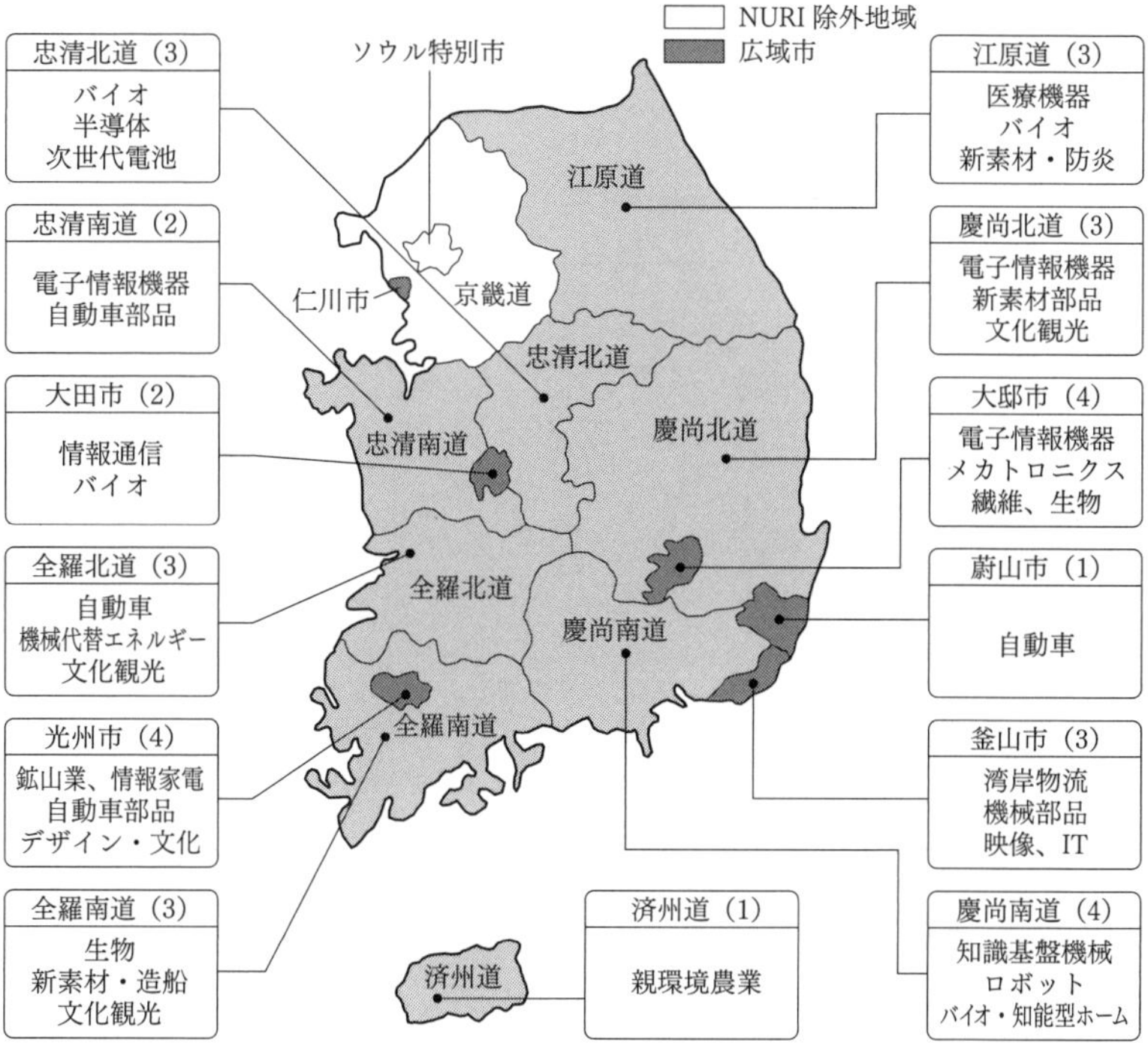


**図5-1　地域戦略産業との連携実態**

【出典】参考文献5より作成

ほかに、常時、一〇分野の専門家がコンサルティング・チーム（合計三二名）を編成して、事業団の管理・運営に対しいつでも助言できる体制をとってきた。

採択された事業団のうち特に注目されるのは、各地方自治体が二一世紀の「地域戦略産業」と位置づけて推薦した分野であり、二〇〇六年時点で採択されて活動している事業団は**図5-1**に見られる三六分野（すべて「大型」事業団）にわたっている。北は江原道の医療機器、バイオ、新素材・

防災から、南は済州道の親環境農業に至るまで、各地方自治体が次世代の戦略的産業と位置づけている分野が網羅されていることが分かる。その多くが理工系分野であるが、映像、文化観光、デザイン等の分野も含まれている。

なお、中型（三三）、小型（六一）として選定された事業団の場合も、地域産業の人材養成に関連するものが多いが、各大学の就業競争力強化のための教育課程改善、優秀教授招聘、学生への奨学金支給プログラム、中心大学と協力大学間の各種協力関係の推進（学生の共同募集、入学定員の調整、教授・学生の交流、共同研究等）等、教育プログラムの改善に関連する事業内容が多い。

## （2）NURI事業の成果と課題

以上のような制度設計のもとに始まったNURI事業は五年間（二〇〇四〜〇八年）の実施期間を終え、いま各事業団およびBK－NURI管理委員会はそれぞれの立場から成果の総括を行なっている。現時点では最終報告書が公表されていないが、筆者が見聞した範囲でNURI事業の成果と今後への課題について整理しておこう。

NURI事業の成果の第一は、政権公約としての「国家均衡発展計画」を高等教育政策として具体化したことにある。特に、前政権が市場原理にもとづく「世界水準」を志向する「外」を意識した政策展開（その典型はBK21）を行なったのに対し、盧武鉉政権は「地域（地方）の活力」を引き出す「内」の重要性を意識した政策展開を行なってきた。その具体的施策として、これまで競争力が脆弱であった地方大学の競争力向上を地域産業の活性化とリンクさせて事業化（ＮＵＲＩ）したこと自体に大きな意味があったと言える。

第二の成果としては、これまでの重要政策の多くは、中央政府（教育科学技術部）がトップダウンで実施してきたのに対し、ＮＵＲＩ事業は地方の大学が地方自治体や地域産業（企業）と連携しながら事業主体となり、ボトムアップ方式で事業を推進した点、すなわち政策を実現する手法が変化した点であろう。政策遂行の方法が垂直型（タテ）から水平型（ヨコのネットワーク）に変化したことにより、これまで地方内でも疎遠であった大学、地方自治体、産業界の関係に大きな変化が生まれたことの意義は大きい。

第三に、歴史的に見て大きな高等教育政策（例えば実験大学、ＢＫ21等）は常にソウル首都圏の名門大学を中心に展開されてきたのに対し、ＮＵＲＩは「地方大学」を主役にして仕立てた大規模な高等教育政策であった点が、これまでに見られなかった特色であると言える。しかも地方大学の強い部分を「特性化」することによりさらに競争力あるものとし、その強い部分を「核」として地域産業、地方自治体とネットワークすることにより、三者のウィン・ウィン関係を形成しようとする試みを実践し、一定程度の成功をおさめたことは特筆すべきであろう。

第四に、ＮＵＲＩ事業団は各地方の四年制大学が事業運営の「中心大学」としてその責任を担ったが、「協力大学」として多くの大学が事業団に参加し、地域内における大学間連携・交流が促進されたことの意義は少なくない。特に四年制大学に匹敵する数の専門大学が「協力大学」としてＮＵＲ

I事業に参加したことは、異なった高等教育機関間の交流を促進させた点において、その波及効果はNURI事業の大きな功績の一つと言える。特に地域産業が求める即戦力人材の養成の面で、短期高等教育機関としての専門大学がこの事業で一定の役割を果たし、その活性化にもつながったことには大きな意味がある。

第五に、この事業実施期間中に、NURI事業団選定の条件でもあった教員確保率や入学定員充足率はほとんどの事業団において基準以上の数値目標を達成し、所期の成果を挙げた点である。また年次および中間評価において、特性化された分野のカリキュラム改革や新規教材の開発等、大学教育面での改善においてもかなりの成果が確認されている。さらに重要なことは、大学および事業団が年次および中間評価を受動的に受けるだけでなく、自ら進んで事業の評価指標を開発して達成目標管理の質を高めていったことである。こうした特定大学の試みは、すぐさま他大学にも波及し、相乗効果を発揮したことは注目される。

最後に第六として、NURI事業の眼目でもあった地域産業および地方自治体との協力ネットワークの構築の面では、地域の企業体との間で大きな進展が見られた。大学（事業団）と地域産業体との協力により、地域発展計画（戦略的産業）や人材需給予測など各種のマクロ分析（報告書の作成）がなされたことはこれまでになかったことである。また、インターンシップ制度を創設し、企業と学生の連携が促進されこととも大きな成果の一つとなった。

以上、NURI事業の成果として六点挙げたが、総じて言えば、本事業を通じてこれまでマイナスイメージで語られることの多かった「地方大学」に光を当てることにより、地方大学がプラスイメージを持って語られ始めたことは大きな成果であったと言える。特に注目されるのは、これまで地域社会の中にタテ割りに存在(孤立)していた各大学が、この事業を通じて大学間交流を開始する契機となり、また地域産業や地方自治体との交流ネットワーク構築を通じて外の世界との積極的交流が始まったことである。学生定員未充足に代表される地方大学危機論を払拭させるカンフル剤として、NURI事業の成果は大きいものであったと言わなければならない。

しかしこうしたNURI事業のプラス効果とともに、いくつかの問題点も浮かび上がってきている。その第一は、NURI事業が成功したことが、皮肉にも「首都圏大学」vs「地方大学」という従来からの二分法を定着させかねない状況を作り出したことである。首都圏といっても、ソウル特別市は例外として、京畿道や仁川広域市の大学はいわゆるNURI事業における「地方大学」と共通する問題点を有していた。ところが首都圏に立地するというだけの理由で、京畿道および仁川広域市の大学はNURI事業からはずされたため、関係者の不満は絶えなかった。そこで政府も「首都圏大学特性化事業」を立ち上げざるを得なくなった経緯がある。結局のところNURI事業は、本質的な意味において、首都圏大学と地方大学という二分法を克服することはできなかったといえる。

第二に、NURI事業は一三の地方自治体(広域市、道)を基本単位として、そこに立地する大学および産業界(企業)との連携ネットワークを作ることを目的としたため、これまで存在した地方自治体間の格差はそのまま残ったといえる。NURI事業団の選定において、政府が自治体間の不均衡が生じないよう配慮した形跡は認められるが、結果的には先進地域の大学と後進地域の大学間格差を解消することはできなかったようである。

第三に、ＮＵＲＩ事業はあくまでも選定された事業団を中心とする活動であったため、地方自治体や産業界との関係ネットワークの構築も事業団を有する学科・「学部」が中心となり、ＮＵＲＩの理念が大学全体にまで必ずしも浸透しなかったようである。まして事業団（中心大学、協力大学）の選に漏れた地方大学にまでＮＵＲＩの成果が波及しているとは言えず、以前から地方大学内にあった大学間格差が縮小されたとはいえない。その意味でＮＵＲＩ事業を通じて開発されたＧＰ（グッド・プラクティス）を各地方大学に拡散する方法を講じる必要があろう。

第四として、ＮＵＲＩ事業が地域産業、とりわけ地域の戦略的産業と大学との連携を重視する事業であったため、大学における基礎研究よりも応用研究に比重がかかり、教育面でも理工系分野の教育改善が中心となり、人文・社会科学関連のカリキュラム開発等に必ずしも結びつかなかった点が指摘されている。

最後に第五として、年次および中間評価を含め事業評価を重視するあまり、主として定量的評価にもとづき事業取り消しや事業費削減が頻繁に行なわれたが、評価のサイクルがやや短すぎたのではないかと考えられる。また定性的評価の強化も今後の課題となるであろう。

以上のような問題点は今後の課題として、これから提出される最終報告書の中でも指摘されるであろう。ＮＵＲＩ事業は韓国の大学改革に大きなインパクトを与え五年間の事業を終了することとなった。これらの成果と問題点が、次期政権にどのような形で引き継がれるか注視していく必要があろう。

## 3. 変化する新政権の地方大学政策

二〇〇八年二月に発足した李明博政権は、与野党間の政権交代で生まれたため、高等教育面でもさまざまな新政策を矢継ぎ早に打ち出した。BK21に関しては第二期目の途中段階であることに鑑み、その事業を継続することとなったが、新規事業としてWCU（世界水準の研究大学育成）プロジェクトをスタートさせた。さらに前政権の重点政策であったNURI事業（二〇〇四～〇八年）についても、新政権発足の年（二〇〇八年）に事業が終了することを契機に、まったく新しい形の地方大学育成に乗り出すことになった。

NURI事業が、地域産業の活性化と大学の特性化（特化された分野）をリンクさせ、「地方大学」に限定した競争的資金プログラムであったのに対し、新政権が打ち出した政策は、全国（首都圏および地方）の四年制大学および専門大学の総合的な「教育力」を向上させることを目的とした「教育力向上事業」であった。したがって支援大学を選定する際の基準も、次の六項目からなる総合的な指標（成果・教育環境指標）となった。但し、評価（総点）を決定する際に「地域係数」（首都圏大学：三・五、地方大学：六）を導入し、地方大学優遇方針を打ち出しており、NURI事業の理念を一部継承したとも言える。この新事業は、ＮＵＲＩ事業の最終年に当たる二〇〇八年度は試行的に行なわれたため五〇〇億ウォンの予算を一三六校に配分したにすぎないが、二〇〇九年からの本格実施においては、予算額も年間約六、〇〇〇億ウォン（約六〇〇億円）を計上しており、大型事業に発展している。

○成果・教育環境指標
・就職率（〇・五×正規職就職率＋〇・五×全体の就職率）＝二五％
・入学定員充足率＝二五％
・国際化水準（〇・七×外国人本務教員比率＋〇・三×外国人学生比率）＝五％
（なお、「国際化水準」指標は四年制大学に対して適用し、専門大学にはこれに代わる「産学協力収益率」を適用する）
・本務教員確保率＝一〇％
・学生一人当たり教育費＝一五％
・奨学金支給率＝二〇％

各大学への支給額は、「基本経費（一、〇〇〇万ウォン）×大学規模指数（在学生数）×成果・教育環境指数（当該校の獲得総点／総点数）×地域係数」という計算式により算出され決められる。支援額が決定すると、各大学は獲得した予算の一五％を就職支援プログラムに、一〇％（専門大学の場合は一五％）

を奨学金に活用することができる。その他の用途に関しては大学の自由裁量が認められており、この点でも支出項目が限定されていたNURI事業とは大きく異なっている。新事業の二〇〇九年度予算総額はNURI事業と大差ないが、その使途については大学の自由裁量権が大幅に増しており、各大学の「教育力向上に向けての競争」を喚起しようとする新政権の政策意図が見て取れる。ちなみに「教育力向上事業」に計上されている二〇〇九年度予算は、**表5-3**のとおりであり、地方大学（四年制、専門大学）への配分比率は約七一％となっている。

**表5-3　「教育力向上事業予算額」（2009年度）**

（億ウォン）

| 事業名 | 4年制大学 | 専門大学 |
|---|---|---|
| ・教育力向上事業（首都圏の大学） | 699 | 739.2 |
| ・同上（地方大学） | 1,950 | 1,570.8 |
| ・広域圏先導産業人材養成 | 1,000 | − |
| 合　計 | 3,649 | 2,310 |

以上をまとめると、新政権の地方大学育成政策は、NURIに見られたような地域産業の育成に特化した事業（事業団）支援ではなく、四年制大学および専門大学の教育力をトータルに向上させるための機関補助への転換とみることができる。その際、「地域係数」に見られるように地方大学への配慮はなされているものの、あくまでも競争的資金配分を通じて各大学を競わせ、その教育力を向上させていく戦略のようである。この事業を通じて、地方大学が一定の競争力をつけることができるのか、今後の展開が注目されるところである。

【参考文献】

1　ファン・ウヨ「NURI事業と地方大学育成」、『大学教育』一三二号、二〇〇四年一一、一二月、五‐九頁（韓国語）。
2　ハム・ソンドン「地方大学革新力量強化事業（NURI）の現況と課題」、『大学教育』一三四号、二〇〇五年三、四月、一〇‐一四頁（韓国語）。
3　朴龍壽『地方大学と地域発展』江原大学出版部、二〇〇六年（韓国語）。
4　韓国教育人的資源部『NURI事業政策資料集‐Ⅲ』、二〇〇六年（韓国語）。
5　韓国教育人的資源部『地域革新――NURIが作っていきます』（広報資料）、二〇〇六年（韓国語）。
6　井手弘人「韓国・国家人的資源開発体制における高等教育とネットワーク」、『カリキュラム研究』一六号、二〇〇七年三月、二九‐四二頁。

# 第6章　国立大学の構造調整――法人化と大学間統合

## 1.　国立大学改革のスタート

### (1) 国立大学へも改革のメス

韓国の大学で暮らしていて嬉しく思うのは、充実した「学生新聞」を読めることである。学生の意識や学内動向を知ることもできるし、学内の予定も分かるので一週間のリズムを作る上でも便利である。ソウル大学のそれは一六頁だての堂々たるクオリティ・ペーパーであるが、毎週月曜日、無造作に廊下に山積みされるのが待ち遠しかったものである。筆者が長期滞在した二〇〇〇年は二学期が例年より数日早く八月二八日(月)から始まることになっていたので、夏休み明けのトップニュースに何が登場するか、楽しみにしていた。私の予想では、その年の六月に行なわれた南北首脳会談に続く離散家族再会か「南北学生交流」あたりがトップニュースになるだろうと予想していた。ところが大学新聞のトップを飾ったのは、意外にも「国立大学発展案への反対拡大」であり、私の予想していた南北学生交流は、一面の片隅に「われわれも統一大祝賀大会で北韓(北朝鮮)の大学生に会おう！」という小さな見出しで報じられていたにすぎなかった。

そのソウル大の学生新聞によれば、二〇〇〇年七月二七日付けで教育部により公表された「国立大学発展計画案」（以下「計画案」）に対して、国公立大学教授協議会と私立大学教授協議会連合会は八月一七日に「全国大学教授協議会（有志）」を発足させ、反対運動への狼煙をあげた。日本の国立大学法人化の動きを念頭にこの記事を読んでいた私には、韓国の私立大学の教授陣（有志）が、国立大学改革をめぐって国立大学の教授団体と共闘するということに新鮮な驚きのようなものを感じたものである。

ことの経緯は、およそ次のとおりである。一九九七年の金融危機以来、韓国ではＩＭＦ用語である「構造調整」が社会一般の合意事項となっていたが、大学の構造調整（制度改革）は、産業界のそれに比べて所期の成果をあげていないと政府（教育部）サイドは見ていたようである。とりわけ国立大学の改革は遅々として進んでいないと判断した金大中政権は、二〇〇〇年二月、教育部内に「国立大学発展計画樹立総合推進委員会」を発足させ、国立大学にメスを入れることを決断した。一六名の委員の内訳を見ると、外部専門家（大学教授三名および大学建設コンサルティングセンター長）四名、国立大学事務局長・室長四名、政府の他部署関係者（予算処、行政自治部）二名、教育部関係者六名で構成されていることからも、政府主導の改革委員会であることが伺える。二月以来の審議経過を見ると、すべての国立大学の企画および財務担当者（執行部）との協議を経て最終案が発表されたようであるが、一般の教授・職員は七月二七日に発表された計画案により、初めてその内容を知らされたらしい。また発表されたのが夏休みの最中であったことも手伝って、発表の翌日（七月二八日）に開かれた公聴会以後、反対の機運がそれほど盛り上がっていたわけではなかった。ソウル大の同僚教授に聞いてみても、「以前から言われていたことで、内容面でそれほど新味はない。いずれこれまでと同じように、うやむやになりますよ」とか、「教育部長官が代わったので、また流れは変わりますよ」等々、やや突き放した受け取り方が一般的であった。ただ、これはソウル大での反応であって、一般紙が伝えるように、地方国立大学ではかなりの危機感をもってこの計画案を受け止めていたようである。確かにこれまでどんな改革が行なわれても、ソウル大がダメージを受けるようなことはなかったのであるが、筆者の見るところ、今回の計画案には、ソウル大といえども影響を受けざるを得ない重大な問題点が数多く盛り込まれていた。またこの計画案は、行政改革の一環として問題提起された日本の国立大学法人化論と違って、「国立大学の存在理由はどこにあるのか」という本質論から切りこんでいるだけに、われわれにとっても興味深い問題を含んでいた。以下、その概要をかいつまんで紹介してみよう。

## (2) 国立大学の統廃合推進計画

二〇〇〇年時点で、韓国の四年制大学一九二校のうち、国立大学の占める比率は、学校数で約二三％（四四校）、学生数では約三六％（約七六万人）であった。政府（教育部）がもっとも力を入れて取り組んできたのは、国家財政の効率的運用と硬直した組織の改革であり、今回の改革案に盛られた項目も、この原理で貫かれていた。国立大学の存在理由を、①国家の戦略的人材養成、②基礎学問分野の育成、③地域の高等教育機会充足、④高等教育の水準向上、の四点に限定した上で、現行の国立大学を次の四類型に分け、各類型に固有の役割に対しては国家財政の支援を積極的に行なうが、他の役割(機能)に関しては、私立大学との自由競争を原則とする方針を打ち出した。( )内は、国家が財政支援を行なう分野。

(1) 研究中心大学(①、②)
(2) 教育中心大学(③、部分的に②)
(3) 特殊目的大学(①)
(4) 実務教育中心大学(③)

こうした提案の背景には、二〇〇〇年時点で大学進学率が七〇%を超えた韓国では、分野によっては卒業生の供給過剰が生じている事情があった。財政の効率的運用を至上命題としている今回の計画案では、大学内の類似学科はいうまでもなく、特定地域の重複学科の統廃合、ひいては大学自体の統廃合も積極的に推進することが盛り込まれていた。その場合、地域的な高等教育の均等発展および地域内における国立大学間の協力・連携を進めるために、全国を七ブロック〈圏域〉(首都圏、江原、忠清、全羅、釜山・慶南、大邱・慶北、済州)に分け、統合再編を積極的に行なうと言うのである。各ブロックには大学間の協力体制を構築するために、「圏域別国立大学委員会」がおかれることになっている。ただ韓国の国立大学は、事実上すでに四類型として機能しているとも言えるので、今回の計画案はかなり現状を踏まえた提案であったのである。

つまり韓国の国立大学の現状は、総合大学一八校、特殊目的大学（教育大学一一校、工業大学一校、海洋大学二校、水産大学一校、体育大学一校）一六校、産業大学八校、これに韓国教員大学と韓国放送通信大学を加えた四四大学からなっている。したがって問題は、総合大学一八校をいかにして「研究中心大学」と「教育中心大学」とに機能分化させるかという「線引き」の問題が最大の焦点となる。しかし、これとても建国直後の一九五〇年代に設立された老舗の地方国立大学と、七〇年代から八〇年代にかけて設立された新興の国立大学とがほぼ同数であるので、線引きもそれほど困難ではなかった。難しいのは、総合大学内およびブロック内での類似学科の統廃合であり、一つ間違えると計画案自体が吹き飛んでしまうことにもなりかねない危険性をはらんでいた。事実、一九六〇年代の初頭、朴正煕大統領のもとで進められた「国立大学整備方案」は、学科の統廃合案がもとで失敗したのである。

## (3)「責任運営機関化」をめぐる攻防

しかし今回の計画案で最大の争点となりそうな点は、大学の意思決定構造の抜本改革にあった。計画案によれば、大学運営の「自律性とアカウンタビリティー（韓国では「責務性」と訳されている）」を高めるために、政府（教育部）の直接的管理下にある国立大学を、「責任運営機関」（英語で言えば、autonomous institution）に移行させることを提言しているのである。設置形態としては現行の「国立」を維持するので、当時日本で現在進行中であった「法人化」とはやや異なるものであった。責任運営機関になると、総長は教育部長官と「経営契約」を結び、組織・人事・財政等の面で独自の権限を持ち、自律的な大学運営に当たることができることになる。例えば総長のもとにおかれる「大学財政運営委員会」の議決を経て、総長は授業料（韓国では「登録金」）の学部別水準を自律的に決定できることになる。ところがこれには二つのきわめて厳しい条件がついていた。一つは、総長の選出方法を現行の構成員による直接選挙制から、教育部内におかれる「総長候補者選出委員会」による「公募制」に転換しなければならない。いわゆる総長の「サーチ・コミティー」を教育部内におくというのである。二つ目には、「現行の教授中心の閉鎖的意志決定機構を、学内構成員と地域社会の有識者を加えた民主的機構とする」ことを大義名分に、全学的な意志決定機構として「大学評議員会」を設け、地域社会の要求を反映した大学運営を行なうようにすることが条件となっていた。この大学評議員会は、大学執行部（総長を含む四名以内）、教授代表、職員代表、父兄代表、同窓会代表、教育部および地方自治団体の長が推薦する者によって構成され、その規模は二〇名から四〇名までとされている。但し、現行制度から「大学評議員会」制への移行を、各大学の選択に任すか国立大学一括方式とするかは、公聴会などを通じて意見の集約をはかるとされていた。

このような提案が出てきた背景には、九〇年代における文民政権の誕生と軌を一にして導入された直接選挙による学部長の選出方式が学内抗争を激化させ、むしろ選挙に伴う弊害が跡をたたなかったからだとも言われている。したがって計画案では、学部長の直接選挙も廃止して、大学評議員会による選任方式が提案されたのである。また、総長、学部長のもとに構成される執行部（韓国では「補職」体制）に対するこれまでの特典（特別俸給、業績評価への加算、サバティカル特典等）もすべて廃止し、授業負担の軽減と補職手当てのみとするなどの改革案も盛り込まれていた。確かに、韓国の大学で暮らしていると、韓国の大学人の総長・学部長選挙、さらには「補職」選任への関心の高さに驚くことがしばしばある。最近では、学会長の選挙なども全会員の直接選挙方式が多く、選挙運動をめぐる不正のため、選挙をやりなおすケースまで出てきている。こうした「大学文化」に、今回の改革案はメスを入れようとしているようにも見受けられた。ただ「全国大学教授協議会（有志）」の主張に見られるように、今回の計画案は一九九〇年代に久方ぶりに回復した大学自治（直接投票による総長・学部長選出を初めとする大学の民主的運営体制）に真っ向から挑戦するものであるだけに、その展開は曲折が予想された。

## （4）強化される評価体制

計画案のもう一つの特色は、国立大学が韓国高等教育の質的管理（quality control）の機能を果たすべきであるとの立場にたっており、その一環として評価体制を強化する数々の提案がなされている点にあった。特に、教育・研究面での競争力を高めるために、①教授契約任用制（新規任用教授から適用）、②教授業績評価制（研究中心教授と教育中心教授を区分して評価）、③教授年俸制（基本年俸＋業績年俸）、④優秀教授優遇制（研究教授、教育教授を区分した優遇措置）等の改革事項については、二〇〇一年から導入に向けての具体的検討を始めることが明記されていた。

これらの評価システムをインセンティブに高等教育の質的向上、ひいては競争力の強化をねらっていたようであるが、実施段階ではかなりの曲折が予想された。例えば、優秀教授優遇制についてみると、研究面での優秀教授の選定は過去三年間の研究実績にもとづいて行なわれ、選ばれた場合には教育負担を週六時間に軽減する特典が与えられ、これ以上の超過勤務時間に対しては財政的支援を強化する。また、教育面での優秀教授の選定は過去二年間の講義評価・インターンシップ指導等の評価により行なわれ、特典としては教材開発費・教育条件改善研究費が支給される。なお、これらの優秀教授選定の量的目安として、研究中心大学の場合は、研究優秀教授が全教員数の一〇〜三〇%、教育優秀教授が一〇%以内、教育中心大学の場合は、研究優秀教授が一〇%以内、教育優秀教授が一〇〜三〇%とされている。ところがこれらの研究評価および教育評価を、誰がどのような手続きで行なうかについての合意はまだ形成されていなかった。

このような制度は、アメリカの大学をモデルに考案されたようであるが、導入にはかなりの抵抗が伴うと予想された。筆者の所属していたソウル大・教育学科の場合、教授陣二一名のうち一九名までがアメリカの大学でPh.D.（残りの二人は国内の博士）を取得しており、アメリカの制度にはなじんでいるはずであったが、同僚教授の多くは「この制度（優秀教授優遇制）は韓国の大学風土にはなじまない」という。なぜかと突っ込んで聞いてみると「われわれは全員が優秀なので評価できないのではないか……」と、冗談ともつかない答えが返ってきた。

なお、この計画案では、これまでの機関評価、学問分野別評価体制についても抜本的改革を提案していた。韓国では国公私立大学（四年制）のすべてが加入する韓国大学教育協議会（特殊法人）が、一九八〇年代の半ばから評価研究を重ねた結果、九〇年代後半からアメリカモデルのアクレディテーション・システム、すなわち大学総合評価認定制をスタートさせ、この制度が定着しつつあるところであった。ところが、教育部サイドは大学教育協議会方式の評価を生ぬるいと考えてきたようであり、もっと厳しい評価システムの導入をねらっていたようである。端的に言えば、「認定制（アクレディテーション）」ではなく、評価結果と財政支援をリンクさせた政府主導の評価体制の構築である。具体的には、国立大学を対象とする「大学評価委員会」を設置し、冒頭に記した国立大学の機能別四類型に即した評価体制を構築することを提案していたのである。

しかし、もしこの制度が導入されることになれば、長年にわたり実績を積み上げてきた大学連合（大学教育協議会）による評価体制は、崩壊の危機に瀕することが濃厚であった。もう一つのシナリオとしては、大学教育協議会の評価部門が新評価機構（「大学評価委員会」）に吸収合併されることが考えられるが、その場合は国立大学主導の評価体制に私立大学も巻き込まれる可能性が大である。今回の計画案に対し、私立大学教授陣（有志）が目を光らせ反対運動に立ち上がったのも、このあたりに原因があったのかもしれない。

政府（教育部）は、当初二〇〇〇年八月末までには大学関係者の意見を集約して結論を出し、改革課題を短期（二〇〇〇〜〇二年）、中期（二〇〇三〜〇五年）、長期（二〇〇六〜一〇年）の三段階に分け、短期課題（例えば、大学評議員会設置、各種評価システムの導入、大学評価委員会の設置等）については、二〇〇一年度予算編成に盛り込む意向で、それに関連して必要となる高等教育法の改正作業に入っていたのである。

## 2. 盧武鉉政権下の国立大学「法人化」案

### (1) 選択制「法人化」法案

ところが金大中政権に残された時間はそれほど多くはなかった。結局のところ、大学関係団体の反対運動の中で、国立大学改革の作業は、次期政権に引き継がれていくこととなった。二〇〇三年二月に誕生した盧武鉉政権は、金大中政権と同じ革新系の政権ではあったが、少数与党というハンディキャップの上に、政権中枢には八〇年代に民主化運動を経験した革新系人材を多数登用したため、国立大学改革は棚上げ同然の状態になった。

しかし日本の国立大学法人化が現実のものとなり大学改革の牽引車の役割を果たすようになってくるにつれ、これまで大学改革に関しては日本の先を行くと自負していた大統領府および政府（教育人的資源部）は、国立大学法人化へ舵を切らざるを得ない状況に追い込まれたといえる。全国国公立教授連合会や全国大学労働組合等の反対にもかかわらず、政権末期の二〇〇七年三月九日に「国立大学法人の設立・運営に関する特別法案」が政府提案として提出されたのである。

法律案の内容は、次の五点に集約される。
①大学運営の最終責任者である総長（学長）の選出方法は、現行の教授による直接選挙方式ではなく、理事会による選出方式とし、任期は四年（再選可）とする。
②大学の重要事項を審議する機構として大学評議員会をおき、教員、職員および学生で構成し運営の詳細は定款で定める。
③これまでの教授会、教務会議による意思決定から、理事会主導の意思決定に移行する。大学理事会の構成は、総長（学長）等の指定職六名、産業界および経済界など外部理事九名、計一五名からなる。理事会は理事長を選出し、教育人的資源部長官の承認を得なければならない。理事会は、定款の変更、法人の予算・決算、借入金および財産の取得・処分管理、大学の組織新設・廃止、教員および職員の人事・報酬等、法人運営の主要事項を審議・議決する役割を有する。
④法人化以後、教職員は法人所属として雇用を承継し定年保障するが、法人職員への転換を望まない公務員は五年間公務員の身分を維持したあとは、他の国家機関に転出させる。法人化後も、既存の職員の場合は公務員年金を適用し、新規採用者は私立学校教職員年金を適用する。
⑤会計構造は法人会計に一元化され、貸借対照表、損益計算書等を公開しなければならず、法人に転換すれば国家および地方自治団体から大学所管の国公財産および物品を無償で譲渡される。
以上が法案の骨子であるが、二〇〇〇年に提起された「国立大学発展計画案」にかなりの修正が法人化した国立大学に対しては、基礎学問分野を育成するための財政支援を行なう。

加えられたことが見て取れる。特にガバナンスに関しては、当初の「責任運営機関」が「理事会」に改められ、法人組織への改編が明確になっている点が注目された。また教職員は非公務員型をとり、一定の経過措置を経て法人職員になることが明記されている。また、法人化した国立大学に対しては、国家的観点からその基礎研究に対して重点的に財政支援をすることが法案に盛り込まれている点も、国立大学としての役割を明記した点で注目される。なお、法人の性格は、特殊法人とすることとなっていた。

## (2) 法人化への長い道のり

提出された国立大学法人化法案のもう一つの特色は、すべての国立大学を一括して法人化した日本の方式とは異なり、上記のような教育人的資源部の法人化指針に賛同した大学のみが「特殊法人」に移行できる選択制が採用されたことである。これにより、法人化反対論に配慮した形をとったといえる。果たせるかな、二〇〇七年度末時点では、ソウル大学および新設が予定される蔚山科学技術大学、仁川大学(市立)等の五大学が、二〇一〇年までの法人化が計画されているのみであり、他の国公立大学は法人移行には慎重な態度を崩さなかった。

大多数の国立大学が法人化に反対している理由は、およそ次のような点にある。第一は、法人化法案が「大学の自律化・効率化」を標榜しているにもかかわらず、二〇以上の業務が教育人的資源部の承認事項となっている。第二に、法人化すれば基礎学問の崩壊、学生納付金(授業料等)の上昇、教職員の非公務員化等、大学構成員の不安を煽ることが必至である。第三には、政府の高等教育費負担は現在でもOECD諸国平均の半分以下であるが、法人化すれば現状よりさらに悪化する恐れがあり、政府の高等教育に対する責任が果たせない。

このような大学側の法人化反対に対し、盧武鉉政権は「参与政府」の旗印を掲げてきた手前、手をこまぬいて状況の推移を見守る立場に終始し、ついにリーダーシップを発揮することなく、国立大学改革は振り出しに戻ったのである。

### (3) 国立大学「統合」の成果と問題

このように盧武鉉政権は、国立大学の法人化に関しては目処を立てることができず任期を終えたのであるが、在任中いくつかの国立大学の大学間統合を実現し、構造調整に関しては今後に向けての一定の方向性を示したといえる。まず二〇〇四年に発表した「大学構造改革方案」により、国立大学の統廃合に関する次の四類型(①類型Ⅰ:大学+大学、②類型Ⅱ:大学(産業大学)+専門大学、③類型Ⅲ:大学+産業大学、④類型Ⅳ:大学+教育大学)を示したことは、重要な出発点であった。

その後、二〇〇四年から二〇〇六年にかけて実現した統廃合は、**表6-1**に見られるとおり、類型Ⅰが一校、類型Ⅱが一校、類型Ⅲが二校であり、類型Ⅱの変形とも言える「大学(一般大学)+専門大学」のケースが二校であった。これらの事例(一二大学)は、統廃合の始まりにすぎないが、現時点における成果と問題点について整理しておきたい。

**表6-1　国立大学の統合例（2004～06年）**

| 年度（統合数） | 統合大学 |
|---|---|
| 2004年（1） | ・公州大学＋天安工業大学（専門大学）→公州大学 |
| 2005年（4） | ・釜山大学＋密陽大学（産業大学）→釜山大学<br>・全南大学＋麗水大学→全南大学<br>・江原大学＋三渉大学（産業大学）→江原大学<br>・忠州大学（産業大学）＋清州科学大学（専門大学）→忠州大学（産業大学） |
| 2006年（1） | ・江陵大学＋原州大学（専門大学）→江陵大学 |

【出典】参考文献5より作成

そもそも政府が国立大学の「大学間統合」を推進する目的の第一は、二〇一一年を境に急減することが予想される学齢人口への対応である。運営経費のほとんどを国庫に依存している国立大学の効率的運営は焦眉の急となっており、同一地域（行政単位としての「道」ないし大学統廃合を推進するためのモデルとして考えられた「道」を超えた「圏域」）内の国立大学における類似学科・専攻を統合することにより、効率的な国立大学運営を可能とし、大学間の競争力を高める。第二は、国立大学が地域の拠点大学であることに鑑み、近年加速している地域の産業構造の変化に柔軟かつ迅速に対応する人材供給をするために、同一地域に立地する国公私立大学の全体的な状況をも配慮した上で、国立大学の構造調整を行なう。これまでのような総合デパート的な国立大学の発想ではなく、地域の特性を配慮した国立大学の「特性化」が求められており、それを実現するには統廃合はもっともドラスティックで有効な手段となる。

第三に、統合によるシナジー効果を高めるには、一方においては入学定員の削減を通じて構造調整を行なうが、他方においては統合に必要な経費を一校当たり年間二〇〇億ウォンから三〇〇億ウォン

## 表6-2 統合した国立大学の「特性化」分野

| 大学名 | 「特性化」分野 | |
|---|---|---|
| 釜山大学 | 釜山キャンパス | 基礎学問および基礎科学 |
| | 密陽キャンパス | ナノ・バイオ |
| 江原大学 | 春川キャンパス | BT、IT、ET、CT、MT |
| | 三渉キャンパス | 防災建設、観光レジャー、デザイン、漢方産業 |
| 全南大学 | 光州キャンパス | 光産業、IT、輸送機械、BT、A & CT |
| | 麗水キャンパス | 水産海洋、文化観光、物流等 |
| 忠州大学 | 忠州キャンパス | 親環境部品、素材、次世代IT、清浄技術環境 |
| | 曽坪キャンパス | 看護、保健 |
| 公州大学 | 天安キャンパスを天安郊外の産業団地と連携し、ディスプレイ、自動車部品、半導体関連の工学部を配置する。 | |
| 江陵大学 | 江陵キャンパス | 新素材、海洋 |
| | 原州キャンパス | 精密医療機器 |

【出典】参考文献5より作成

支援する。その際、統合の成果を評価し、二〇%程度の差等配分を行ない、大学間競争を喚起することをねらっているようである。

以上のような政府の方針に対し、実際の統合実績について見ると、第一に、どの大学も戦略的経営努力を行なうようになっており、資源の選択と集中を通じて大学の「特性化」に成果を挙げつつある。第二に、類似・重複学科の統廃合や教員充足率を上げることにより教育条件の改善に成功しており、多様な学習機会を学生に提供できるようになっている。第三には、統合を契機に、地域産業と連携した大学発展計画を作る契機となっており、大学が地域革新の役割を果たすようになっている。さらに第四として、統合により優秀な学生がより多く集まるようになっており、学生の大都市（ソウル）流出が抑制される効果も現れている。ちなみに、上記六大学の「特性化」分野は、**表6-2**のとおりである。

## 3．李明博《イミョンバク》政権下における高等教育政策

二〇〇八年二月に発足した李明博政権は、就任早々、矢継ぎ早に新政策を発表し、選挙中に公約してきた「CEO的大統領」の面目躍如といったところであるが、高等教育について見ると前政権の進めてきた重点政策は引き継ぎながら、さらにそれを加速させる新規事業を打ち出している。主要な政策の概要は以下のとおりである。

### (1) 教育・研究の高度化

行政のスリム化・効率化を政策課題として掲げていた大統領は、新政権発足早々に、省庁再編の一環として、教育人的資源部と科学技術部を統合して教育科学技術部とした。両部の機能統合により、人材養成と研究開発の円滑な循環構造を確立することをねらったようである。さらに歴代政権が躊躇してきた教育における競争と市場原理を前面に押し出し、世界との競争を意識した政策を次々と打ち出している。前政権時代のBK21やHKを継承すると同時に、World Class University（WCU）事業を新規に打ち出し、五年以内（二〇〇八〜一二年）に韓国のいくつかの大学を世界水準の研究大学にすることを宣言したのである。さらにこれに関連し「留学生受け入れ一〇万人計画（Study Korea Project: 2008-2012）」を通じて、海外の優秀な人材を韓国の大学に招致することにも乗り出した。これらについては第4章で紹介したとおりである。

## （2）入試業務の改善と学生支援

これまで政府が一手に所管してきた大学入試業務を、国公私立の大学連合体である韓国大学教育協議会に委譲することを二〇〇八年四月に公表した。これまで韓国の大学入試政策は中央政府により主導され、大学の個別入試廃止、大学修学能力試験の導入、面接・論述試験の重視等が実施に移されてきたが、今後は大学入学政策を大学当事者（大学教育協議会）にゆだねる方向に舵を切ったことになる。これも規制緩和政策の一環であり、「大学入試の自律化」を二〇一二年までに三段階に分けて進め、韓国の大学に競争力をつけることをねらいとしている。まだその具体像は見えていないが、新政権への引き継ぎ委員会の原案によれば、第一段階で修学能力試験制度の見直し作業に着手し、第二段階で試験科目数の削減、第三段階で入学者選考の自律化の立法措置を考えているようである。

もう一つの新規重点事業として注目されるのは韓国奨学財団の設置である。李明博大統領は二〇〇九年の年初演説により、経済的な理由で勉学を断念する学生があってはならないと力説し、同年二月六日に「韓国奨学財団設立に関する法律」を成立させ、これまでの非効率な奨学制度の是正と受給対象者の拡大に取り組むことになった。また今回の法律により貸与型奨学金（①政府保証の学資金ローン、②農村出身大学生への学資金の無利子融資）と給付型奨学金（①生活保護受給者奨学金、②国家勤労奨学金、③未来韓国一〇〇年人文奨学金、④大統領科学奨学生、⑤理工系国家奨学生、⑥理工系大学院研究奨学生、⑦

地方大学人文系奨学金、⑧地域大学優秀学生支援）の多様化をはかったようである。

### （3）大学評価制度の改革

もう一つの大きな変化は、大学評価制度の見直しである。高等教育法を改正し、二〇〇九年度より、これまで一五年間（一九九四〜二〇〇八）にわたって大学教育協議会が開発・実施してきた「総合評価認定制」を撤廃することにしたのである。この制度は、大学教育の改善・向上を目的に、各大学が作成した「自己評価報告書」を機関別および学問分野別に評価を行ない、「認定」（アクレディット）する適格認定制度であった。新政権がこれを廃止した理由として、①過去一五年間ほとんどの大学が「認定」され評価に甘さがあった、②評価結果を政府の高等教育支援（財源配分）にも活用できない、この二点を挙げている。またこのような大学連合体（韓国大学教育協議会）という仲間内での評価は、大学間の競争力を喚起しないという新政権の判断があったようである。

新政権が法律改正を通じて打ち出した改革案は、これまでの総合評価認定制を廃止し、次の三点を内容とするものであった。

①各大学は二年に一度「自己評価報告書」を作成し公表する義務を負う。

②各大学は「自己評価報告書」を政府の委員会が認証した第三者評価機関で外部評価を受けることができる。なお政府は外部評価機関の行なう評価結果を、財政支援を行う際に活用できることとする。

③各大学に対し、「大学情報公示制」を義務付け、五五項目からなる大学情報を、政府傘下の機関が運営するインターネットのウェブサイトに公開しなければならない。

こうした規制緩和措置と情報公開を通じて、大学の国内外における競争力を喚起することをねらっているようである。

## (4) 国立大学の構造改革

国立大学の構造調整については、二〇〇九年七月三一日付けで公示された「国立大学統廃合基準」（教育科学技術部公示第二〇〇九−二三八号）において、前政権（盧武鉉大統領）下で立案された「大学構造改革方案」（二〇〇四年一二月二八日）および「高等教育機関の設立・運営規則の改善方案」（二〇〇六年三月三一日）を踏まえた統廃合の基準（条件）を、次の五類型にわたって示している。そのねらいの中心は、入学定員削減と新たな発展戦略の樹立にあるようである。

①類型−Ⅰ：大学ー大学間統合（入学定員の二〇％以上削減、教育条件の改善、大学発展戦略の策定等）

②類型−Ⅱ：大学（産業大学）ー専門大学間の統合（専門大学の入学定員の六〇％以上の削減、教育条件の改善、大学発展戦略の策定等）

③類型−Ⅲ：大学ー産業大学間の統合（産業大学の入学定員の二五％以上の削減、教育条件の改善、大学発展戦略の策定等）

④類型−Ⅳ：大学ー教育大学間の統合（効率的な初等中等教員の養成計画、大学発展戦略の策定、定員削

減数値は別途検討）

⑤類型－Ｖ：複数大学を同一法人化（同一圏域内の三校以上の国立大学が、一つの意思決定機関を設置し、類似・重複する学部・学科の統廃合およびキャンパス別の特性化を推進する。三年以内に一つの法人へ転換する。）

## （5）国立大学の法人化

さらに国公立大学の法人化に対しては、法人化推進の立場をとっているが、二〇〇九年四月時点において教育科学技術部は、各国公立大学のおかれている条件の違いを考慮して、すべての国公立大学を一律に法人化する政策展開は避けることを基本方針としていた。

その後二〇〇九年一二月八日の国務会議において、「国立大学法人ソウル大学設立・運営に関する法律案」が通過したことにより、国会における法案成立をまって二〇一一年三月付で、ソウル大学は国立大学法人に移行することになった。法案は三七条（付則一二条）からなっているが、主要内容は以下のとおりである。

①総長選出方式は、総長選出委員会が推選した候補者の中から理事会が選任し、教育科学技術部長官の提請により大統領が任命する。

②ソウル大学運営の最高議決機関は理事会とし、総長、副総長二名、教育科学技術部次官一名、企画財務部次官一名、評議員会推選一名、その他・大学運営に必要な知見を有する者を含む七名以上、一五名以下で編成する。

③ソウル大学の会計処理は、従来の一般会計と期成会計を法人会計に一元化する。
④これまでソウル大学が管理してきた国有財産は新法人に無償で譲渡する。
⑤国家はソウル大学の安定的な財政運営のために毎年、人件費、経常経費、施設拡充費および教育研究発展のための支援金を出損しなければならず、その規模は従前のソウル大学の予算および高等教育予算規模および増加率を考慮して算定する。
⑥政府の財政支援と大学の自律性にふさわしい責務性を確保するために、総長は四年単位の大学運営成果目標を設定し、年度別大学運営計画を樹立・公布し、教育科学技術部長官は、その実績を毎年評価・公表し行政・財政的支援に反映することとする。
⑦法人化に伴い、法人教職員になることを希望しない者は、教員の場合、五年間は公務員の身分を保有することができる。なお法人化時に公務員であった者は、今後二〇年間は「公務員年金法」を適用することができる。

以上が法案の主要内容であるが、この法案を発表した教育科学技術部は、ソウル大学の法人化が大学の競争力を強化し、ソウル大を「世界十位圏の大学」に育成する契機となり、国立大学改革の導火線となることを期待する、とのコメントを発表した。

**【参考文献】**

1　馬越徹「国立大学再編の行方」、『ＩＤＥ：現代の高等教育』四二三号、二〇〇〇年一一月、六一－六六頁。

2　井手弘人「韓国高等教育における競争的資金配分事業と地方国立大学」日本比較教育学会編『比較教育学研究35』東信堂、二〇〇七年。

3　井手弘人「地方国立大学の統合と再編——ソウルに対抗できるのは〈集中による強化〉」、『カレッジマネジメント』一三一号、二〇〇五年三月、一七‐二一頁。

4　韓国大学教育協議会「大学構造改革と大学発展」、『二〇〇六年度夏季大学総長セミナー』、二〇〇六年七月（韓国語）。

5　韓国大学教育協議会「特集：大学統合——成果と課題」、『大学教育』一四七号、二〇〇七年五、六月、四七‐八九頁（韓国語）。

6　Kiyong Byun, "New Public Management in Korean Higher Education: IsIt Realty or Another Fad?", *Asian Pacific Education Review*, Vol.9, No.2, 190-205, 2008.

7　韓国大学総長協会『大学の構造改革と課題』（韓日セミナー報告書：二〇〇八年一一月）パク・チャンオク「韓国国立大学の構造改革方案——ソウル大学校法人化の場合」二〇〇八年、四一‐五七頁（韓国語・日本語、【注】筆者も本セミナーに出席し指定討論者を務めた）。

8　教育科学技術部「報道資料」（ソウル大学法人化に向け一歩前進）、二〇〇九年一二月七日。

# 第7章　私立大学のガバナンス改革
## ――私立学校法改正をめぐって

### 1．韓国の大学における私学の位置

二〇〇九年五月に韓国の有力紙・朝鮮日報社とQS社（ビジネスキャリアと教育に関するコンサルティングを専門とする企業）が共同企画した「アジアの大学ランキング」によれば、トップ一〇〇大学に韓国の大学は一七校が入っているが、一七校のうち一〇校（韓国のトップテン）を上位から順に列挙してみると、KAIST（韓国科学技術大学：国立）、ソウル大学（国立）、浦項工科大学（私立）、延世大学（私立）、高麗大学（私立）、梨花女子大学（私立）、成均館大学（私立）、漢陽大学（私立）、慶熙大学（私立）、釜山大学（国立）となる。一〇校のうち国立大学は三校にすぎず、残り七校は私立大学によって占められていることからも明らかなように、韓国の私立大学の存在感は単なる量の面だけでなく、質の面でも国立大学を圧倒していることが分かる。その理由は、このトップテンに入っている七校の私立大学の歴史を検討すると、自ずから解けてくる。

七校の私立大学のうち六校はすべて首都ソウルに立地する大規模総合大学である。韓国でソウル

の地の利は圧倒的である。歴史的にみて、ヒト・モノ・カネのすべてソウルに集中する社会的構造ができあがっているのである。しかも延世、高麗、梨花の三大学は一九世紀末に設立された韓国最初の近代学校という輝かしい歴史を有している。成均館大学も李氏朝鮮を五〇〇年間支えた儒教の殿堂・成均館をその起源とする伝統ある大学である（近年、経営権が韓国トップの優良企業・サムスンに移った）。漢陽、慶熙の両大学は一九六〇年代に大発展し、韓国の近代化事業に大量の人材を送り出して貢献した大規模私立大学である。浦項工科大学は地方都市・浦項にある小規模単科大学であるが、浦項製鉄が全面的に支援して設立した韓国トップのエリート私大であり、韓国で最初の理系ノーベル賞受賞者はこの大学から出るとのうわさがあるほどの大学である。

これに対してほとんどの国立大学は、ソウル大学および旧科学技術部が科学技術振興政策の一環として特別に設置したＫＡＩＳＴ（韓国科学技術大学）は別格として、第二次世界大戦後（解放後）、地方中核都市に設立された新制大学（釜山大学はその代表的な一校）であり、歴史もなければ立地条件も恵まれてはいなかった。

さらに歴史をさかのぼれば、五〇〇年も続いた李氏朝鮮（官人支配体制）は、科挙という中国に範をとる人材選抜制度（官吏登用試験）に支えられていたのであるが、その科挙試験の準備機関（学校）は、一部の国学（官立系）を除けば、私人（学者）の経営する小規模な「書堂（初等教育）―書院（高等教育）」が圧倒的に多数を占めていた。韓国で、大財閥から中小企業の経営者に至るまで、大学の設立・運営（経営）に異常とも言えるほど関心が高いのは、こうした歴史的背景が影響しているのかもしれない。実際、韓国のトップテンの企業（財閥）のほとんどは大学経営に参画している。また日本の植民地統治時代、朝鮮人には大学設立が認められなかったため、朝鮮人の設立になる最高の教育機関は私立専門学校とならざるをえなかった。本来であれば近代的な国立大学設立に向かうはずのエネルギーは、すべて私立専門学校の設立・運営という形をとらざるをえなかったのである。これらの私立専門学校が、日本統治から解放された一九四五年以後、大韓民国の私立大学として直ちに認可されたことは言うまでもない。韓国に国立大学が誕生するのは、ソウル大学を別にすれば、建国後もかなり後になってからのことである。かくして韓国において私立高等教育は、一国の高等教育を牽引する役割を果たすようになったのである。

## 2．定員割れが深刻な地方私大

ところがこの私立大学がいま大きな問題に直面している。韓国政府（教育人的資源部）の公式統計によれば、韓国の大学進学率は二〇〇四年度に八一・三％を記録し、これに浪人生（韓国では「再修生」）を加えれば、同年齢人口の九割以上が大学（四年制大学、二、三年制の専門大学）に進学する「大学全入時代」が到来したことになるが、私立大学の危機はこのことと関係している。何事につけても「世界一」が好きな韓国人も、この事態には少々戸惑っている。特に私立大学関係者の心境は複雑なようである。というのは、一九九〇年代に誕生したいわゆる文民政権のもとで大学設置認可基準の緩和措置

(「準則主義」)がとられ、入学定員についても大幅な増員が認められたため、私立大学は拡張政策をとり続けてきた。いわば水ぶくれ状態になっているといっても過言ではない。その結果、大学数の八四・八%、学生数の七八・四%は私学が占めるという「私学優位」の高等教育構造になってしまったのである。

ところが一九八〇年代に始まった少子化現象は、その世代が大学入学年齢に達した二〇〇〇年を境に私大を直撃しはじめた。二〇〇二年には、大学の入学定員が高校卒業者総数を約七万人も上回る「入学定員過剰」状態となった。言葉を換えて言えば、このことは全国規模で大学の「定員割れ」が始まったことを意味しており、特に地方の私立大学はその影響を直接的に受けており、深刻な経営問題にまで発展している。ちなみに全国平均でみると、四年制大学の場合、ソウル首都圏(京畿道含む)および一部の広域市(仁川、釜山、大邱等)の定員充足率は一〇〇%に近いが、地方(日本の県に相当する「道」)の大学では定員充足率が七~八割台になっており、韓国南部の全羅南道の場合は六割台(但し、同地域に位置する光州広域市は八一%)に低迷している。さらに大学入学定員の約四六%を占める専門大学(二~三年制)の場合も、定員をほぼ満たしているのはソウル首都圏(京畿道含む)および仁川広域市・蔚山市に立地する専門大学のみであり、地方の専門大学の定員充足率は六~七割台に落ち込んでいる。

このような定員割れ、特に地方私大の定員未充足問題に拍車をかけているもう一つの原因として、政府の編入学政策がある。文民政権(金泳三大統領)下の一九九五年に導入された編入学政策は、学生の適性にあった大学選択を支援する「需要者中心政策」として打ち出され、当初は二~三年次の学生に対し約八万名もの入学定員（特別枠）を用意した。結果的には、地方大学に入学した学生は入学早々から、ソウル首都圏の大学への編入学を目指して準備を始めることになり、さながら「第二の入試」と言われるようになった。また首都圏および大都市部の大学側も学生獲得にしのぎを削ったため、地方大学はますます窮地に追い込まれた。そこで政府は、一九九九年から編入学定員を各大学の入学定員の五％以内に限定し、応募できる学生も三年次生のみにする措置がとられた。それでも地方から首都圏・大都市部の大学への流れは止まらない。結局のところ、労働市場の需要を無視した入学定員拡大政策および編入政策を続けたため、大卒就職率は四年制大学卒の場合、六割を切る深刻な状況が続いている。

## 3. 入学定員削減政策と私大間の統合

このような定員割れ状況に政府もやっと重い腰を上げ、専門大学については二〇〇〇年を期して入学定員の削減に踏み切り、五年間（二〇〇〇〜〇四年）に約一七、〇〇〇人程度削減したが、先に見たように事態はますます深刻になっている。そこで政府（教育人的資源部）は二〇〇四年一二月に「大学競争力強化のための大学構造改革方案」を発表し、財政援助をテコに、今後五年間に入学定員問題にメスを入れると同時に、大学の統合を加速させる「アメとムチ」政策をとることになった。

国立大学に対しては、向こう五年間（二〇〇五〜〇九年）に入学定員の一五％（一二、〇〇〇人相当）の削減を義務付けると同時に、大学間統合の四類型（①「大学」－「大学」間統合、②「大学」－「専門大学」間統合、③「大学」－「産業大学」間統合、④「大学」－「教育大学」統合）を示し、統合を実現した大学に対しては教員定数および教育施設改善などの面での優遇措置（財政支援）を約束している。すでに統合が実現した例としては第6章でみたとおり、公州大学と天安工業専門大学の統合（類型－②）、釜山大学と密陽大学（類型－①）の統合等まだ限られているが、全国各地で統合への動きは加速している。

さらに教育人的資源部は二〇〇六年五月に「二〇〇六年度大学構造改革支援事業計画」を発表し、私立大学に対しても構造改革（統廃合）を支援する政策を打ち出した。その結果、二〇〇六年には首都圏（城南市）の暻園大学と暻園専門大学の統合が実現し、二〇〇七年三月にはソウル保健大学（専門大学）を乙支医科大学との統合が実現している。後者は首都圏の専門大学と地方（大田市）の四年制大学との統合という点で、新しい統合類型に道を開くものとして注目されている。構造改革においては政府がもっとも重視しているのは大学教育の質の改善であり、専任教員確保率を向こう五年間（二〇〇四〜〇八年）に約一〇％引き上げることを目標に、年度別数値目標を掲げることを各大学に求めている。例えば四年制大学は五五％→六五％、専門大学は四〇％→五〇％に定め、これが達成できない場合は入学定員の削減を課すことになる。また、私立大学が政府（教育人的資源部）から財政援助を受けるには、学生の入学定員を対二〇〇四年度比で毎年一〇％ずつ削減することを条件として課している。さらに教員一人当たり学生数が四〇名を超える大学には、政府は一切の財政支援を行なわないことを明言している。

このような厳しい条件を課した上で、私立大学に対しても大学間統合の推進を求め、次の三類型を示している。なお統合に際しては、国立大学以上に厳しい入学定員削減条件を課しているが、統合が実現した場合には各種の財政支援を約束している。

類型－Ⅰ　異なった学校法人間の統合（「大学」＋「大学」、「専門大学」＋「専門大学」）：この場合、入学定員の削減、専任教員の年次別確保率の改善目標の提示、統合後の条件整備が求められる。

類型－Ⅱ　同一学校法人内での異種機関の統合（「大学」＋「専門大学」）：この場合、専門大学側の入学定員を六〇％以上削減することを条件とする。

類型－Ⅲ　同一圏域内での同一学校法人間の異種機関を統合し、一般の四年制「大学」に改編（「産業大学」＋「専門大学」＝四年制「大学」）：この場合、産業大学の定員の二五％、専門大学の定員の六〇％を削減することを条件とする。なお、一般の大学に改編後は既存の政府援助は中止する（なお、ここで言う「産業大学」とは、高等教育法に定められている四年制大学の一種であり、企業体内で行なわれる教育・研究および実習などを履修済み科目として認定している。入学条件や履修年限も一般の四年制大学より弾力的である）。

このような大学間統合を行なう場合、韓国では大学の地域別均等発展を考慮して、「圏域」内で行なうことを原則としている。「圏域」とは既存の行政単位を超えた広域的単位で、大学間統合の場合、次の八圏域が想定されている：①ソウル、②京畿道・仁川広域市、③釜山広域市・蔚山市・慶尚南道、④大邱広域市・慶尚北道、⑤光州広域市・全羅南道・全羅北道、⑥大田広域市・忠清南道・

表7-1　学齢人口・高卒者・大学入学定員の推移（2009～21年）

| 区分 | 2009 | 2012 | 2016 | 2018 | 2021 |
|---|---|---|---|---|---|
| 学齢人口 | 629, 360 | 690, 519 | 644, 695 | 598, 527 | 508, 282 |
| 高校卒業生数Ａ（推定） | 585, 305 | 642, 183 | 599, 566 | 556, 630 | 472, 702 |
| 大学入学定員Ｂ | 599, 984 | 599, 984 | 599, 984 | 599, 984 | 599, 984 |
| 超過入学定員（Ｂ－Ａ） | 14, 679 | △42, 199 | 418 | 43, 354 | 127, 282 |

【出典】参考文献5より作成

忠清北道、⑦江原道、⑧済州道。

もう一つ私大に対して取られた構造改革の枡として、厳格な指導助言体制の導入がある。学生定員充足率、借入金依存率、授業料依存率等を厳密にチェックすると同時に、経営危機にある大学に対しては集中診断チーム（intensive consulting team）を派遣する。今後、学生数が激減し経営が成り立たなくなった学校法人が解散（倒産）する場合、善意の出資者に対し出資財産の一部を返還する方途を検討することも謳われている。

以上のような大学構造改革を促進するため、当初に政府は「大学構造改革特別法」の制定を考えていたが、諸般の事情により実現には至らなかった。しかしながら、上記に謳われた学生定員削減および大学間統合は、行政ベースのアメとムチ政策により着々と進んでいる。その証拠に、朝鮮日報（二〇〇六年〇一月一八日付け）によれば、四年制大学（産業大学は含み、教育大学は除外）一八八校中八六校が二〇〇六年度の入学定員を自主的に削減し、その削減数は合計一一、一四九名に達し、過去最大のものとなった。こうした傾向は、二〇一〇年代になるといっそう加速することが予想される。**表7-1**に見られるように、高校卒業者と大学入学定員との関係は、何らかの定員削減策が講じられない限り、二〇一二年を境に再び後者が前者を上回ることとなり、二〇二一年には高校卒業者の全員が大学に進学したとしても約一三万人の入学定員過剰状態となる。その意味で、特に私立大学の構造改革は待ったなしであると言える。

## 4. 私立学校法改正と私大のガバナンス問題

このように韓国の私大は、いま大きな曲がり角にさしかかっていると言えるが、歴史的に見ると韓国の私立大学の設立は、次の三期に大別できる。第一は、第二次世界大戦前の日本統治時代にすでに専門学校（高等教育機関）として設立されていた機関が、独立後に大学として新たにスタートした私大であり、韓国でもっともプレスティージの高い大学群である。第二は、朝鮮戦争後から一九八〇年代にかけて韓国の高度経済成長期に設立された私大である。第三は、文民政権の規制緩和政策の中で一九九〇年代に急増したもっとも新しい私大群である。第二、第三期に設立された私大の多くは、新興財閥や地方の富裕層が設立したケースが多く、いわゆるオーナー私学（韓国では「族閥経営私学」）で経営面での不正（非理）がしばしば社会問題となってきた。不正経理、教員・職員人事をめぐる金品授受問題、経営陣の公費横領、理事の選任をめぐる混乱など、これまで数々の問題が指摘されてきた。特に第二、第三期に設立された経営基盤の弱い私大の一部でそうした不正が行なわれるケースが多く、混乱に乗じて大学の乗っ取り（経営権の譲渡）が行なわれることも稀ではなかった。

そこで盧武鉉大統領は、私学経営の民主性・透明性・公共性を大義名分に、私立学校法の改正に乗り出し、二〇〇五年一二月二九日に改正案を与党(ウリ党)が力ずくで可決した(施行日は二〇〇六年七月一日)。そのため国会は二〇〇六年二月末まで五三日間も空転するという大政治問題となり、野党(ハンナラ党)初め私学団体は、改正案は憲法の精神に反する内容を含んでいるとして、憲法裁判所への提訴(訴願審査)を検討していた。改正案の争点は、大学(私大)のガバナンス問題に深くかかわる問題であったからである。

もっとも議論を呼んだのは「開放型理事制度」の導入である。これまでの私立学校法では、理事等役員の選出については「七人以上の理事と二人以上の監事をおく」(第一四条)とだけ定められていたのであるが、改正案ではこの条項に新たに「理事定数の四分の一以上は大学評議員会(新設法人の場合は管轄庁)が二倍数を推薦した中から専任する」(第一四条③)を加え、条件をつけたのである。しかも、従来この条項に見られる大学評議員会は大学教員による任意の機関であったのであるが、改正案に「大学教育機関に教育に関する重要事項を審議させるため大学評議委員会をおく」(第二六条の二)という条項を新設し、大学評議員会の審議機関化をはかったのである。政府側は開放型理事制の導入により、これまで批判の多かった私大の族閥経営にメスを入れ、私大経営の民主化、透明化をはかろうとしたといえる。ところが私学団体は、大学評議員会が推薦する者が理事に選任されることに強い抵抗感があったようである。彼らは一様に、大学教職員組合に支配されがちな大学評議員会が推薦する者が理事に選任されると、私学の建学理念に沿った経営ができなくなるという点を危惧したのである。

また今回の私学法改正では、役員の兼職禁止規定（第二三条）についても、その範囲が大幅に拡大された。従来は「理事長は当該学校法人が設置・経営する私立学校の長を兼任することはできない」とのみ規定されていたのであるが、改正法では「理事長は当該学校法人および別の学校法人が設置・経営する私立学校の長や別の学校法人の理事長を兼任することはできない」とされ、私学経営者（理事長）は系列私学の理事長および学校長を兼職できないことになった。

さらに役員（理事・監事）の選任制限規定に関しても、親族関係者に対する制限規定が強化された。これまでは親族関係者が理事定数の三分の一を超えてはならないと規定されていたのであるが、改正法では「親族関係にある者が理事全数の四分の一を超過することはできない」（第二一条②）とし、親族関係者の私学経営参加のハードルを高くした。また監事についても、従来は「監事中一人は公認会計士の資格をもった者でなければならない」とされていたのであるが、改正法では「監事中一人は、……大学は私立学校法第二六条二の規定により、大学評議員会が推薦する者とする」（第二一条⑤）と改正された。

改正私学法のもう一つの争点は、いわゆる私大経営に問題が発生し理事の欠員が生じた際の臨時理事の選任（第二五条）、いわゆる官選理事に関する規定の大幅改定である。これまでは政府（教育人的資源部長官）が選任していたのであるが、改正法では管轄庁が選任するとして規制を緩和すると同時に「臨時理事の三分の一以上は……大学評議員会が推薦する者を選任する」（第二五条③）が加えられ、臨時理事の選任についても「開放型理事制度」の理念を貫いたと言える。

## 5. 私立学校法再改正と今後の方向

ところがこのような盧武鉉政権（与党ウリ党）の強引な私立学校法の改正に対し、私学関係者・団体からは、直ちに強い反発が起きた。公共法人（例えば国立大学付属病院等）でさえ、理事の選任権は設置・経営者側にあり、これを構成員にまで拡大していないことからも、今回の改正は私学の自由を侵害するものであり、私法人の「公法人化」につながると批判が続出したのである。私学の自由や宗教教育の自由を脅かしかねない内容を含んでいる今回の改正に対し、野党（ハンナラ党）および私学団体のみならず宗教界の反発も強く、私立学校団体はその違憲性を理由に、直ちに憲法裁判所に訴願審判を請求し、私学法再改正への動きが活発になった。結局、二〇〇七年六月の臨時国会において私学法の再改正案が審議され、七月三日の本会議で可決、七月二七日に法律八五四五号として公布されたのである。しかしながら、再改正された私学法には、私学関係者が強く反対していた「開放型理事会」「臨時理事制」「大学評議員会の審議機構化」等の規程は残り、多少の修正がなされたものの、二〇〇五年の改正法の理念は維持されたと言える。（表7-2参照）

したがって多くの私学関係者（特に経営陣）が再改正された私学法について危惧しているのは、次のような問題点である。第一は、開放型理事制（第一四条三項、第四項）をこのような形で維持すれば、被雇用者である教員（大学人含む）が理事となり法人経営に参画するという問題点が生じるという点である。第二は臨時理事制（第二五条）に関しても、理事の欠員補充の要件を大幅に緩和した改正法

### 表7-2　私立学校法改正の経緯と内容

| 改正前（2005、1.27：法律第7354号） | 改正法（2005.12.29：法律第7802号） | 再改正法（2007.7.27：法律第8545号） |
|---|---|---|
| 第14条（役員）<br>①学校法人には役員として、7人以上の理事と2人以上の監査をおかなければならない。（以下略）　②理事中1人は、定款が定めるところにより理事長がなる。 | 第14条（役員）<br>①同左<br>②同左　③学校法人は第1項の規程による理事定数の4分の1は、学校運営委員会または大学評議員会（新設法人の場合は管轄庁）が2倍数推薦した者の中から選任しなければならない。 | 第14条（役員）<br>①同左<br>②同左<br>③学校法人は第1項による理事定数の4分の1（但し、小数点以下は切り上げ）に該当する理事（以下「開放理事」）を第4項による開放理事推薦委員会で2倍数推薦した者の中から選任しなければならない。<br>④開放理事推薦委員会は、第26条の2による大学評議員会または「初・中等教育法」第31条による学校運営委員会におき、その組織と運営および構成は定款で定めるが、委員定数は5人以上奇数とし、大学評議員会および学校運営委員会で推薦委員会委員の2分の1を推薦するようにする。但し、大統領令に定める宗教指導者養成を目的とする大学および大学院を設置・経営する学校法人の場合は、当該宗教団体から2分の1を推薦する。<br>⑤第3項により推薦委員会が開放理事を推薦する場合には、30日以内に完了しなければならず、この期間に推薦することができない場合には管轄庁が推薦する。<br>⑥略 |
| 第21条（役員選任の制限） | 第21条（役員選任の制限）<br>⑤学校法人におく監査中1人は、初中等学校の場合は初・中等教育法第31条の規定による学校運営委員が、大学は第26条2の規程による大学評議員会が推薦した者とする。 | 第21条（役員選任の制限）<br>⑤学校法人におく監査中1人は、推薦委員会で推薦した者を選任する。 |
| 第25条（臨時理事の選任）<br>①教育人的資源部長官は、学校法人が理事の欠員補充を行なわない場合、これが原因となって当該学校法人の目的を達成することが難しくなるまたは」損害が発生する恐れがあると認定する場合には、利害関係者の請求または職権により臨時理事を選任しなければならない。 | 第25条（臨時理事の選任）<br>①管轄庁は次の各号のどれか1つに該当する場合には、利害関係者の請求または職権により遅滞なく臨時理事を選任しなければならない。<br>1．学校法人が理事の欠員補充をせず、学校法人の正常な運営が困難と判断した時<br>2．第20条2の規程により、学校法人の役員就任承認を取り消す時<br>3．第25条2の規程により臨時理事を解任する時 | 第25条（臨時理事の選任）<br>①管轄庁は次の各号のどれか1つに該当する場合には、利害関係者の請求または職権により調停委員会の審査を経て、臨時理事を選任しなければならない。<br>1．同左<br>2．第20条の2の規程により、学校法人の役員就任承認を取り消す場合には、但し、第18条による理事会議決定足数を超過する理事に対して役員就任承認が取り消される場合に限る。<br>3．同左 |
| 第26条の2（大学評議員会）<br>①大学教育機関に教育に関する重要事項を審議させるために大学評議員会をおくことができる。 | 第26条の2（大学評議員会）<br>①大学教育機関に教育に関する主要事項を審議させるために大学評議員会をおく。 | 第26条の2（大学評議員会）<br>①大学教育機関に次の各号を審議させるために大学評議員会をおく。<br>1．大学の発展計画に関する事項<br>2．学則の制定または改正に関する事項<br>3．大学憲章の制定または改正に関する事項<br>4．大学教育課程の運営に関する事項<br>5．推薦委員会の委員の推薦に関する事項<br>6．略 |

を若干修正して「役員就任承認の取り消し」条件に但し書きを加えたにすぎない。これでは建学の理念や設立者の財産権（経営権）を侵害する臨時理事が横行することになりかねない。事実二〇〇八年現在、三九の学校法人に対して臨時理事が派遣されているのは、私立大学の設立理念からしても大きな問題である。第三に、大学評議員会の審議機関化（第二六条の二）に関しても、旧法では設置義務のない任意機構であった大学評議員会を、改正法において設置義務化したのであるが、今回の再改正法では設置義務化のみならず審議事項まで特定しており、大学運営の自立性を損なう改悪になっている。国公立大学については、かつては存在していた大学評議員会を高等教育法（一九九七年一月一三日）の施行と同時に廃止しているのであり、私学にのみ設置義務化しているのは整合性に欠けるというものである。

私学団体の一部（学校法人協議会等）では、上記のような問題点を根本的に解決するには、現行の私立学校法を廃止し、新たに「私学育成特別法」を制定すべきと考えているようであるが、当面は私立学校法および私立学校法施行令の再再改正の運動を進めていく準備をしているようである。現政権（李明博大統領）および政権与党は、これらの改正、再改正がなされた時は野党の立場にあったが、こうした私学団体の立場に理解を示してきた経緯がある。韓国の高等教育において私立大学の占める役割が大きいだけに、私立学校法の改正問題は李明博政権にとって、解決を迫られる大きな課題の一つとなるであろう。

**【参考文献】**


1 私学倫理委員会『先進私学教育体制を模索するためのセミナー資料』二〇〇六年（韓国語）。
2 馬越徹「韓国の私立大学問題」、『ＩＤＥ：現代の高等教育』四八一号、二〇〇六年六月、五四－五八頁。
3 ソン・ヨンシク「私立学校法改正の当為性と方向」韓国大学教育協議会『大学教育』一五四号、二〇〇八年七、八月、七一－一七頁（韓国語）。
4 韓国教育新聞社「私学法改正騒動」、『韓国教育年鑑二〇〇九年版』二〇〇九年、五八－六二頁（韓国語）。
5 パク・ジョンス「私立大学構造改革の必要性と望ましい政策方向」、『大学教育』一六一号、二〇〇九年九、一〇月、一四－一八頁（韓国語）。

# 第8章　専門大学の挑戦——新しい専門職業人の養成を目指して

## 1．短期高等教育機関としての専門大学

専門大学とは、原則として二年制（保健・看護・海洋系に三年制もある）の短期高等機関であり、二〇〇八年時点で全国に一四七校、学生数（七七万一、八五四人）は全高等教育機関の二三・七％を占める。学校数では四年制大学（一七四校）に匹敵し、一学校当たりの学生数は約四、四三六人の規模である。一九九七年度から、卒業生には「専門学士」の称号が授与されるようになり、また一九九八年度からは大学名称の呼称自由化措置により、「専門」の名を冠さない「○○大学」の看板を掲げることができるようになった。学生も「専大生」ではなく「大学生」と名乗ることができるようになったのである。この措置により、四年制大学（「大学校」）と専門大学を区別することが事実上困難となり、韓国の大学は一挙に倍増したような印象をうける。いずれにしても専門大学は、四年制大学とともに韓国高等教育を支える二本柱の一方の役割を果たすようになったのである。

このような専門大学のルーツについて簡単に振り返っておくと、次のとおりである。韓国の高等

教育の歴史をたどると、独立直後の一九四九年に制定された教育法に三種類の大学の形態が規程された。第一は大学校(四年制の総合大学)、第二は大学(四年制単科大学)、第三は初級大学(二年制)であった。つまり韓国の高等教育には、建国当初から初級大学という短期高等教育機関が制度化されていたのである。おそらくアメリカのジュニアカレッジが初級大学のモデルになったものと考えられる。ところが独立後の韓国民の教育熱は、最高学府としての四年制大学入学へと向けられ、新しい形態の短期高等教育機関(初級大学)に向かうことはなかった。この点、日本の短期大学(二年制)が暫定的にスタートしながら全国各地域の女子の高等教育機関として大発展を遂げ、一九六四年に恒久化されたのとは対照的である。一九五〇年代を通じて初級大学在学者は、全高等教育人口の五%にも満たなかったのである。

その後一九六〇年代に入り、第三共和国(一九六三〜七二年)の経済開発路線を反映して、中堅マンパワー(テクノロジスト、テクニシャン)の養成を目的とした実業高等専門学校(中学卒業を入学資格とする五年制の短期高等教育機関)が一九六三年に新設されたのを機に、初級大学も実業系プログラムを中心とする機関に再編されることとなった。これにより一時的に初級大学への進学者は増加したが、結局のところ実業系大学に徹しきれず、在学者は、一九七二年には全高等教育人口の一・七%にまで落ち込んでしまった。一方、実業高等専門学校(工業、農業、水産、海洋)は学生数を着実に伸ばしてきたが、五年制という年限の長さに問題があった。そこで政府(文教部)は一九七〇年度を期して、実業高等専門学校の後半二年間を独立させ、高等学校卒業を入学資格とする実業専門学校を新たに創設することとなった。これを機に、韓国の短期高等教育機関は実業専門学校が主導することとなり、実業高等専門学校のほとんどは実業専門学校に改編されていったのである。一方、初級大学は有名無実の存在になり、一九七〇年に実業専門学校が専門学校に名称変更した際、専門学校に吸収されることとなった。かくして専門学校は、第四共和国（一九七二〜八〇年）の経済発展政策を担う短期高等教育機関として急成長していくこととなったのである。

そして韓国高等教育の大拡張期となった一九七〇年代後半の一連の制度改革の中で、専門学校は一九七九年を期して二、三年制の「専門大学」に昇格することとなったのである。その後、専門大学は韓国の経済発展とともに規模拡大が続き、創設一五年後の一九九三年には全高等教育人口の二八・八％（在学生四六万人）を占める短期高等教育機関として急成長したのである。女子の占める比率も当初の二三％から一九九三年には三七％にまで上昇し、学校数も四年制大学に匹敵する一二九校に増大したのである。もともと、専門大学はその設置目的は「社会各分野に関する専門的知識と理論を教授研究し、才能を練磨し、国家社会の発展に必要な中堅職業人を養成すること」（教育法第一二八条の二）におかれていたが、折からの高度経済成長は大量の中堅職業人を必要とすることとなり、専門大学は短期高等教育セクターにおいて不動に位置を確保するに至ったのである。

# 2. 専門大学の魅力

## (1) 職業に直結する短期高等教育

専門大学の入試は、四年制大学の入試が終わる二月の初旬から開始されるが、筆者がソウルに長期滞在していた二〇〇一年度の競争率は史上最高となり、「専門大学は狭き門」と新聞各紙が一斉に伝えるほどに人気が高まっていた。専門大学全体の平均入試倍率が九・八倍、一〇〇倍前後の人気科(注:四年制大学の場合は〇〇学科、専門大学の場合は〇〇科)もあった。例えばソウルに立地する明知専門大学の産業デザイン科は一〇六倍、コミュニケーション・デザイン科は九一倍という高い倍率となった。このほかにも、韓国鉄道大学(国立)三五倍、三育保健看護人学三〇倍、国立医療看護大学二七倍等に見られるように、四年制大学顔負けの競争率の高い大学が続出するに至ったのである。前年(二〇〇〇年度)の入試も、人気を独占したのはデザイン系、情報通信系、航空・鉄道系等の専門科であった。暻園専門大学の産業デザイン科の入試倍率は史上最高の一五一倍を記録したのであった。このような人気科の秘密は、およそ次の四点にあった。

①就職に直結する職業技術や実務能力、さらには資格証を短期間で取得できる。
②カリキュラム(教育内容)が、現代の若者の興味・関心にマッチしており、ベンチャー(起業)に結びつく可能性をもっている。
③都市およびその近郊に立地し、かつ昼間部・夜間部を併設しているので、通学にも便利である(特

に首都圏およびその近郊の専門大学は人気がある)。

④入学試験も比較的容易である(四年制大学と同様、大学修学能力試験の成績と学校生活記録簿〈内申書〉によって選考される。大学によっては、実技試験等が課される)。

つまり、職業に直結し、魅力ある教育内容を有し、立地条件(および開講条件)がよければ、四年制大学に負けない競争力をもちうることを専門大学は実証しているのである。最近人気の産業デザイン科の入試案内には、「この科で二年間の課程を終えれば、すべての学生がデザイン関係のベンチャー企業を創業できる実務能力を身につけることができます」とその特色をアピールしている。特にいわゆるIMF危機(一九九七年)以後、専門大学の特徴が見直され、最近では大卒者が専門大学に再入学する「逆流」現象さえ目につくようになっている。専門大学の方でも、大卒者に対する特別の「定員枠」を用意して、彼らを優遇する措置を講じるところまでできている。このように専門大学は、社会の変化に敏感に反応し、社会が必要とする即戦力人材を養成する機動力に富んでいるため、専門大学の新設学科を見れば、世相を読み取ることができるとも言われているほどである。

## (2) 社会的需要を吸収する異色の専門科

例えば、九〇年代後半に誕生した異色科を「全国専門大学便覧:二〇〇〇年度版」(韓国専門大学協議会)から拾ってみると、スタイリスト科(龍仁松潭大学)、キムチ食品科学科(清州科学大学)、健康生活レジャー科(大邱保健大学)、電子商取引科(舟城大学)、ゲーム工学科(東亜放送大学)、葬礼指導科(ソウル保健大学）、モデルイベント科（全南科学大学）、カジノ経営科（済州観光大学）、化粧品工学科（大田保健大学）等があるが、いずれも社会的需要に即して設置されており、就職率は抜群のようである。ちなみに二〇〇一年三月から新設される異色科には、次のような「科」があった。

昌原専門大学（私立）に新設される「特殊整備科」は、韓国陸軍との軍学連携で設置される科であり、戦車、装甲車等、陸軍の特殊装備を運用することのできる人材養成を目的にしていた。また聖徳大学に新設される「ビリヤード科」は、すでに同大学に設置されている観光スポーツ科の一部を特化したものであり、二〇〇二年のアジア大会や二〇〇四年のアテネ・オリンピックでの正式種目化を見越してビリヤードの指導者を養成することを目的の一つとしていた。春海大学に新設される「ヨガ運用科」の場合は、最近需要の多いスポーツセンターや社会福祉諸団体からの要請に応えたもののようである。さらに慶皎大学の「ダイエット情報科」の場合は、すでに設置されている食品栄養科に加えて、二一世紀の情報化時代に即した食生活情報を教育する目的で新設されるという。また釜山女子大学は、過去二〇年余にわたる茶の研究実績にもとづき「茶文化科」を新設し、茶道の専門指導者養成と礼節指導者の養成を目的とするものであった。

以上のような異色科の名称だけを見ると、伝統的な大学の学科とはかけ離れており、各種学校の教育課程のような印象を受ける。しかし韓国の専門大学は、高等教育法に定められた正規の短期高等教育機関であり、各種学校とは別のカテゴリーになっている。このように次々に設置される異色科の教員（教授陣）の採用方法について関係者に聞いてみると、「現場から連れてきます。教育部の審査も以前のように厳しくはなくなっているので問題ありません。教授陣の多くは三〇代、四〇代の若い世代が多いのが特色です」という答えが返ってくる。つまり社会的需要が先行して設置されるので、そうした各分野で活躍している専門家を、非常勤ベースの教員（教授職）として採用している場合が多いようである。

もちろん専門大学は、一九七九年に当時の専門学校一二七校を（二、三年制の高等教育機関）を一挙に「大学」に昇格させて設置した経緯からも明らかなように、韓国の高度経済成長を支える中堅マンパワー（テクノロジスト・テクニシャン）の必要性から誕生した短期高等教育機関である。したがって「科」構成もおのずから自然科系が主流であり、一九九九年の在学生八六万人の専門分野別比率は、理工系五二％、社会系二一％、芸術・体育系一二％、医薬系八％、人文系四％、師範系三％となっている。したがって、上記のような異色科もさることながら、九〇年代を通してもっとも人気が高かったのは理工系の中でも情報関係の科であった。九〇年代に五四校もの専門大学が新設されているが、それらのほとんどは情報通信関係の科（例：マルチメディア科、ソフトウェア開発科、インターネット情報科、インターネット・ビジネス科等）であった。二〇〇〇年末のタイム誌（二〇〇〇年一二月一一日号）が、そのカバーストーリーに韓国の「インターネット大国」ぶりを取り上げて話題を呼んだが、専門大学はこのような韓国のインターネット先進国化に大きな貢献をしてきたと言える。

## (3) 新しい教育プログラムの開発

専門学校に人気が集まるのは、そのプログラムが企業の要求に合うよう、不断にプログラム開発が行なわれていることにある。毎年、専門大学の「顧客満足度全国調査」が発表されるが、ここでいう顧客とは学生ではなく「企業」である。大邱市にある永進専門大学の正門近くに「国家顧客満足度三年連続専門大学部門第一位」と大書された垂幕がかかっているのを見て驚いたことがあるが、この大学の就職率も全国トップクラスである。

近年、こうした企業と連携したプログラムとして、①注文式(オーダーメイド型)教育、②企業委託教育、③実業系専門高校との連携教育が注目されているので、その内容について簡単に触れておこう。

①注文式(オーダーメイド型)教育:これは企業側が専門大学(特定の専門科)に対し、特定分野に関する必要な人材(学生数)とカリキュラムの大枠をあらかじめ指定して教育訓練を依頼するものであり、アメリカにおける customized education に相当するものである。このコースの受講者は注文先の企業への就職が保障される利点をもつ。一方、専門大学側は、企業の要望に合うようなプログラム開発に常に気を配らねばならない。現代グループが創設した蔚山科学大学(専門大学)の場合、地元の企業コンソーシアム(有名一九社から成る)と協力して、二〇〇三年以来、注文式教育に対応するさまざまなパッケージプログラムを開発して全国的にも注目されているが、さらに精度を高めたモジュール・パッケージプログラムを開発している。二〇〇八年現在、何らかの形でこのような注文式教育を行なっている専門大学は、全専門大学の七割におよんで

いるようである。

②企業委託教育：これは企業内教育（研修）を専門大学に「外注」する方式であり、入社六ヶ月以上の職員を専門大学に派遣して、特定分野の研修を受けさせるものである。大学側は定員外学生として彼らを受け入れ、ほとんどの場合夜間コース（午後六時開始）を開設して企業側の要望に応えている。このような企業委託教育も全国の専門大学の七割近くで実施されている。

③実業系専門高校との連携教育：専門大学における連携教育とは、実業系専門高校二、三年生の教育課程と専門大学一、二年生の教育課程を連携して運営する「二＋二」コースであり、その目的とするところは職業基礎学習の強化と専門深化学習を融合させたプログラムを開発することを通じて、二一世紀型の専門人材を養成しようとするものであり、教育科学技術部が推進している事業である。一九九七年にそのモデル校に指定された蔚山科学大学は、近隣の実業専門高校と協力して新しい教育課程の開発・運営、それに伴う教材の共同開発、施設・機材の共同活用、教員の相互支援を実際に行なっている。さらに最近では「二＋二」コースに加えて、四年制大学とも連携する「二（高校）＋二（専門大学）＋二（大学）」のような先進的高等職業教育プログラムの開発にも取り組んでいる。

## （4）学生への就職支援の強化

専門大学のもう一つのセールスポイントは、その就職率の高さである。**表8-1**に見られるように、

表8-1　4年制大学学生と専門大学生の進路比較（2001〜07年）

（%）

| 年度 | 専門大学 | | 4年制大学 | |
|---|---|---|---|---|
| | 進学率 | 就職率 | 進学率 | 就職率 |
| 2001 | 7.1 | 81.0 | 12.8 | 56.0 |
| 2002 | 7.8 | 80.7 | 12.1 | 56.7 |
| 2003 | 8.2 | 79.7 | 11.3 | 60.7 |
| 2004 | 6.6 | 77.2 | 12.1 | 59.2 |
| 2005 | 5.3 | 83.5 | 12.1 | 56.4 |
| 2006 | 4.2 | 83.9 | 11.1 | 65.0 |
| 2007 | 3.9 | 85.2 | 10.0 | 67.3 |

【出典】参考文献7より作成

# 3. 専門大学の現状と将来展望

この七年間を通じて専門大学修了生の就職率は二〇〇三年、二〇〇四年を除いて八割を超えているのに対し、四年制大学卒業生の就職率は五、六割台に留まっており、進学率を考慮しても、専門大学に大きく引き離されている。これは専門大学の就職支援体制が、四年制大学よりきめ細かな戦略のもとに行なわれていることを示していると言える。例えば、専門大学の「名門」と言われる明知専門大学の場合、「就職マーケティング室」を開設し、就職情報の提供や就職指導に限らず、専門大学のカリキュラムや学生のキャリア開発までカバーする活動を展開しており、大学のブランド力を企業に定着させるためのさまざまな努力を行なっている。高校生に対しては インターネットを通じての広告や、キャンパス訪問時の配布物やメールによる情報サービスを通じて、入学前から就職情報をきめ細かく流している。

## (1) 危機に直面する専門大学

以上見てきたように、専門大学は短期高等教育機関として韓国高等教育の中で大きな位置を占めるまでに成長してきた。しかしながら学齢人口の減少や二〇世紀型の高度経済成長に終止符が打たれた近年、危機に直面していると言われている。特に顕著になっているのは定員未充足の問題である。表8-2に見られるように、ここ数年(二〇〇二~〇六年)定員未充足の状態が続いている。専門学校の場合、景気変動が定員充足率に影響する傾向が強いが、二〇〇三年以後は一〇%以上の未充足状態が続いている。近年その比率が多少改善されているのは、表8-3に見られるように政府の入学定員削減政策により、専門大学の定員を大幅に削減してきたからである。二〇〇四~〇六年までの三年間に四年制大学の削減が一六、七〇〇名であるのに対して、専門大学のそれは約二倍に近い二九、六一九名の削減を行なってきている。特に地方都市に立地する専門大学の入学定員削減数は二五、二二三名という大幅なものであり、四年制大学全体のそれを上回っている。

表8-2 専門大学の定員未充足率(2002～06年)

| 年度 | 2002 | 2003 | 2004 | 2005 | 2006 |
|---|---|---|---|---|---|
| 未充足率(%) | 7.9 | 17.9 | 19.1 | 17.8 | 11.4 |

【出典】参考文献8より作成

表8-3 韓国高等教育の入学定員の推移(2004～06年)

| 区分 | | 2004 | 2005 | 2006 |
|---|---|---|---|---|
| 4年制大学 | | 365,002 | 359,451 | 348,302 |
| 専門大学 | 首都圏 | 98,442 | 98,172 | 94,046 |
| | 地方 | 178,781 | 167,918 | 153,558 |
| | 合計(全国) | 277,223 | 266,090 | 247,604 |

【出典】参考文献8より作成

二〇〇六年時点で定員充足率が九〇％を越えている専門大学は八八校（五八％）であり、残り六四校（四二％）はそれ以下で、六割未満の専門大学が一四校（九％）もある。専門大学の九三％が私立であることを考えると、大学経営のかなりの部分を学生の学納金に依存している私立専門大学にとって、定員未充足問題は大学存亡の危機であるとも言える。このような経営危機に対して専門大学は、時間登録制（科目履修）の学生受け入れやサイバー大学（遠隔大学）との連携を模索して、学生獲得に乗り出している。韓国には政府傘下の韓国教育開発院が運営している「学点（単位）銀行」制度があり、多様な高等教育機関で取得した「学点（単位）」を合算して学位を授与する仕組みがある。時間登録学生やサイバー大学の学生が専門大学で学点（単位）を取得することにより、専門学士、さらには学士の学位を取れるのである。これらとともに、地域に立地する専門大学は地域の産業（企業）との協同事業（①技術開発、②現場実習、③産学の人的交流、④委託教育、⑤奨学金委託生等）の開発に取り組んでいる。

## （2）短期高等教育の将来展望

専門大学が短期間で大きな発展を遂げてきたことは紛れもない事実であるが、韓国高等教育において占める位置は必ずしも高いものではない。国民一般の四年制大学志向、とりわけ首都圏の一流大学への極端な志向性は依然として高く、いまだに専門大学を四年制大学に入れない者の受け皿くらいにしか考えない親たちも少なくない。加えてこれから一八歳人口の減少期に入り、大学入学定員が過剰な時代の到来が予想されている。学生獲得をめぐる四年制大学との戦いは熾烈になるはずである。

そのような事態に対して専門大学はどのような戦略をもって臨もうとしているのであろうか。一般的には、専門大学はその特色（①時代の要請に対する即応性、②地場産業に直結した職業・技術人材の養成、③将来性のある専門職の開拓）を生かして四年制大学との「棲み分け」を選ぶ方向か、イギリスのポリテクニクが「大学」に昇格していったように四年制大学への昇格の道を選ぶのか、そのどちらかになると思われる。筆者が二〇〇〇年当時に専門大学教育協議会の責任者にインタビューしたところ、答えは次のようなものであった。

「たしかに専門大学のカリキュラムが充実してくるほど、二年間の教育期間では足りなくなってしまいます。そこで一九九八年から、卒業後さらに専門性を高めたい学生を対象に、一年間の『専攻深化課程』を法制化しました。しかし専門大学は、高等教育法にも明記されているように、あくまでも専門職業人の養成を目的にした短期高等教育であることに大きな意味があります。それをさらに高度化していくために、一度職場に出た卒業生が、より高度な専門技術を磨く必要を感じたとき再び専門大学に帰ってくることのできる二年程度の新たな『専攻深化課程』の設置を検討しているところです。つまり専門大学を『循環型（リカレント型）』の高等教育機関にするのです。そのためには、現在の二年制専門大学の上に、さらに二年間の『専攻深化課程』をおいて、両者を連動させながら、学生の出入りを柔軟にしたいと考えています。名称は二年制の方をジュニアカレッジだとすれば、専攻深化課程の方はシニアカレッジということになりますが、この名称だと老人大学のイメージがつきまといますので、プロフェッショナルカレッジとかアッパーレベル・カレッジとかの名称を考えています。いずれにしても、『職業』と『専門教育』を循環させる（リカレント化）機関として、専門大学を高度化していく必要があると考えています。」

同様の考え方は、二〇〇一年一月九日に開催された教育部主催のワークショップでも、専門大学の教授から提案されている。つまり生涯教育の中に専門職業教育を位置づけていくという考え方を韓国政府は取っており、近い将来、専門大学の上に「シニアカレッジ」に相当する課程が誕生する可能性はかなり高いように思われる。要するに、このような方向は、四年制大学との単なる「棲み分け」とか、四年制大学への「昇格」を目指すのではない、独自の道を模索することを意味する。政府も特色ある専門大学を育成する方針を固め、二〇〇二年には京畿道平澤市に国立再活（リハビリ）福祉大学を新設した。これは障害者支援対策事業の一貫として、障害者の高等教育機会を保障する教育課程設置の第一弾として打ち出されたものであり、再活福祉科、手話通訳科、広告弘報科、医療保障科、コンピュータ情報保安科、コンピュータゲーム開発科が設置された。さらに二〇〇八年の高等教育法改正により教育科学技術部長官から認可を受けた専攻深化課程を修了した者には、学士学位が授与されることになった。

ただ二〇〇八年現在、専門大学一四七校のうち一三七校（約九三・二％）は、私立専門大学であることを指摘しておかなければならない。財政基盤の必ずしも強くない私立専門大学にとって、これまでのような異色科の設置や学士学位を授与できる専攻深化課程の設置だけで四年制大学に対抗することはできなくなりつつある。韓国の高度経済成長とともに、これまで順調に発展してきた専門大学は、いま正念場をむかえようとしている。

**【参考文献】**

1　馬越徹「専門大学の挑戦—短期高等教育の可能性」、『ＩＤＥ：現代の高等教育』四二七号、二〇〇一年四月、七〇 - 七四頁。
2　全国大学実務教育協会『二〇〇三年度韓国専門大学視察報告書』二〇〇四年。
3　井手弘人「競争力を勝ち抜くために——積極策を打ち出す二つの専門大学」、『カレッジマネジメント』一三一号、二〇〇五年三月、二二 - 二五頁。
4　申鉉奭「専門大学改革政策」、第四章『韓国の高等教育改革政策』学志社、二〇〇五年、一一一 - 一六一頁（韓国語）。
5　渡辺達雄「大学と産業界の関係に関する一考察」、平成一四〜一六年科研報告書『近代化過程における産業・労働政策と教育政策の整合・葛藤に関する社会学的研究』二〇〇五年、一〇三 - 一一六頁。
6　Korean Council for College Education, *College Education in Korea (Edition 2007-2008)*, 2007.
7　韓国専門大学教育協議会『二〇〇八学年度全国専門大学便覧』二〇〇八年（韓国語）。
8　韓国教育新聞社『韓国教育年鑑二〇〇九年版』二〇〇九年、一八一 - 一九四頁（韓国語）。

# 第9章　大学全入時代の入試改革

## ――平準化政策の見直しと「修能試験」の行方

日本の大学入学センター試験に相当する韓国の「大学修学能力試験（略称：修能試験）」は、毎年一一月の中旬に行なわれる。暖冬続きの昨今ではあるが、この日に限って毎年のように寒気が入り、木枯らしが舞い、初氷が張ったりする。韓国の人たちは、これは天が受験生に与える試練だという。この試練を乗り越え、一流大学への切符を手にした者のみが、韓国社会の「特権層」に参入することができると、多くの韓国人は信じて疑わない。学歴（学校歴）社会は健在なのである。

韓国の大学入試は、すべての国民が注視する国民的行事であり、全国のメディアもその一部始終を報道する。外国語の聞き取り試験（リスニング・テスト）の時間帯は、軍のみならず民間の飛行機も飛ばさないようにフライト調整が毎年なされている。

子どもの合格を祈願して、大学正門に「飴《あめ》」を大量にくっつける母親たちの過激な行動はよく知られているが（大学側も心得たもので、「飴」専用の板を用意している）、近年は試験が近づくと、ほとんどの菓子屋に縁起ものの「受験生向けプレゼント」が並ぶ。さまざまな趣向を凝らした「飴」（一度くっついたら離れない）、フォークの形をした菓子（フォークで正解を突き刺す）、斧の形をした菓子（斧で難問を叩き割る）等が、所狭しと並べられている。それら一式が入った菓子箱の商品名は、その名も「状元及第」（科挙試験の主席合格者を意味する）。筆者も数点買ってみたことがあるが、まさに受験競争を当てこんだ商戦である。ソウル大の学生に「たくさんプレゼントをもらうと負担にならないか」と聞いてみたところ、「プレゼントが少ないと不安になる」というから、やはりお国柄である。

## 1.「大学無試験制」の波紋

韓国の大学入試制度は、政府の教育部長官が代わるごとに変わると言われるぐらいめまぐるしく変わってきた。まずは過去一〇年間の入試改革を簡単に整理しておこう。金大中政権の誕生に伴い任命された新教育部長官も、就任間もない一九九八年一〇月に大学入試改革案を発表したのであるが、二〇〇二年度から「大学無試験制」を導入するという内容であっただけに、世間を驚かせた。教育部の計画はおよそ次のようなものであった。

韓国でもこのところ少子化傾向が続いており、二〇〇二年には大学の入学定員が大学進学志望者数を上回ることが予測されていた。この機会をとらえて教育部は、高校教育の正常化と受験生の負担軽減を理由に、大学別の個別試験（筆答試験）の廃止を発表したのである。あわせて、これまで積み重ねられてきた入学者選抜方法の多様化をさらに進めることを提案した。すなわち、①学校生活記録簿(内申書)の点数換算率を自由化し大学側の裁量に任せる、②修能試験の三領域(言語、数理探求、外国語)を五領域(言語、数理、社会探求、科学探求、外国語)に拡大すると同時に、総点方式による判定を廃止し、各領域ごとの等級制(九段階)を導入する、③学生の特技(特定科目を含む)を合格者判定に反映できるよう入学者選抜方法を多様化する、等の措置である。

この案が発表された時には、各方面に衝撃が走った。「大学無試験制」と聞いて、大学も高校入試と同じように「抽選」に近いものになると早合点した親もいたらしい。また高校側は、大学別入試がなくなれば高校での内申書をめぐっての競争の激化は避けられないと、この案に首をかしげる向きもあった。大学側では、文民政権誕生(九〇年代初頭)以来、部分的に回復した学生選抜権(大学別入試の一部復活)をまた奪われることへの反発が見られた。特に私立大学にとっては、受験料収入が見込めなくなることは痛手であった。また国立・私立を問わずいわゆる一流大学では、個別入試なしに本当に優秀な学生が選抜できるのかという不安も広がった。それというのも、もともと修能試験はアメリカのSATをモデルに導入された「進学適性試験」であり、特にここ数年問題が易しくなり、トップクラスの受験生の「弁別力」が落ちているという批判が高まっていたからである。予定通りこの案が実施されると、修能試験はあまり当てにならず、高校の内申書と受験生の特技で入学者を選抜しなければならなくなるために、大学側も頭を抱えたわけである。

このような数々の問題点をかかえながらも、個別大学試験を禁止する「無試験入学制」の大原則は今日まで堅持されている。冒頭に記した二〇〇一年度向けの修能試験が終わったのを機に、二〇〇二

### 表9-1　2009年度「大学修学能力試験」の概要

| 領　域 | | 出題科目 | 試験問題数 |
|---|---|---|---|
| 言語 | | 言語 | 50 |
| 数理（A、B選択） | A | 数学Ⅰ、数学Ⅱ、選択 | 30 |
| | B | 数学Ⅰ | 30 |
| 社会探求 | | 倫理、国史、韓国地理、世界地理、経済地理、韓国近・現代史、世界史、法と社会、政治、経済、社会・文化（4科目以内選択） | 科目当たり20 |
| 科学探求 | | 物理Ⅰ、化学Ⅰ、生物Ⅰ、地球科学Ⅰ、物理Ⅱ、化学Ⅱ、生物Ⅱ、地球科学Ⅱ（4科目以内選択） | 同上20 |
| 職業探求 | | 農業情報管理、情報技術基礎、コンピュータ一般、水産・海運情報処理、農業理解、農業基礎技術、工業入門、基礎製図、産業経済、会計原理、水産一般、海事一般、海洋一般、人間発達、食品と栄養、デザイン一般、プログラミング（3科目以内選択） | 同上20 |
| 外国語（英語） | | 英語 | 50 |
| 第2外国語／漢文 | | ドイツ語Ⅰ、フランス語Ⅰ、スペイン語Ⅰ、中国語Ⅰ、日本語Ⅰ、ロシア語Ⅰ、漢文 | 30 |

【出典】参考分権7より作成

年度の大学入学者選抜方針が発表され、これまでの原則が再確認された。すなわち法令（高等教育法施行令）改正を通じて、国公立、私立大学を問わず大学別二次試験を禁止する措置が取られたのである。国公立大学については、強力な行政指導により、すでに二〇〇一年度入試から「論述考査（小論文）」と「口述考査」以外の二次試験（筆答考査）を禁じられていたのであるが、二〇〇二年度からは私立大学も国公立なみに二次試験が禁止されることになったのである。二次試験を強行する私立大学に対しては、財政援助の削減（実験実習費、研究費、奨学金等）という制裁措置を課すこともあわせて発表された。

その後、二〇〇四年度の修学能力試験からは、出題領域が五領域から七領域に拡大され、今日に至っている。七領域の詳細は表9-1のとおりであるが、これらの試験すべてが一日で行なわれるため、「一日の勝負」で人生が決まると言われる所以である。なお、回答は五肢選択型のマークシート方式で行なわれる。

## 2. 多様化する選抜方法

このような現行の入試制度は年々多様化し複雑になってきているので、まずはその概要を説明しておく必要がある。韓国の入試制度は、一九〇校の四年制大学(国・公・私立)が同じ枠組みの中で管理されていることを特色としている。日本のように国公立大学と私立大学が別々に入試を行なっているのではなく、国家のガイドラインにそって、入学者選抜方法や選考日程を、全体的に調整しているのである。もちろん大きな枠組みの中での多様化、すなわち個々の大学が特色ある選抜方法を開発するのは奨励されているので、年ごとに多様化が進んでおり、詳しいことはその道のプロにしか分からないほどである。まずはその概況を説明しておこう。

①選考類型：一般選考と特別選考に大別される。前者は一般学生を対象に公開競争によって選考が行なわれるのに対し、後者は特技をもった学生、例えば各種の学力コンクールでの受賞者、修能試験の特別成績優秀者、実業系高校出身者等、一〇一種類の特別選考対象者に対して行なわれる。二〇〇一年度の場合、両者の比率(定員)は、一般選考が約七八%、特別選考が二二%

となっている。

②選考資料：入学者選考にあたって使用される資料は、次の三種類に分けられる。

a．学校生活記録簿（内申書）：全国一律の様式により、教科の学力、出席、行動発達、特別活動、社会活動等一三項目にわたり記述され、コンピュータ処理されている。教科については科目別に成績（秀・優・美・良・可）と学年席次が記録されている。

b．大学修学能力試験（修能試験：通称「修能《スヌン》」）：言語、数理・社会探求、科学探究、職業探究、外国語（英語）、第二外国語、漢文の七領域からなる試験であり、特別な推薦入学などを除いて、すべての大学入学志願者は原則としてこれを受けなければならない。

c．面接および論述考査（小論文）：各大学が入学者選抜の多様化の一貫として実施しているもので、いわゆる二次試験（筆答試験）ではない。

＊各大学は、これらa．b．c．の配点比率を自由に設定でき、選考類型別に事前に公表することになっている。例えば、二〇〇一年度のソウル大学の一般選考〈特次募集〉の場合、a．一九・二％、b．七六・九％、一般選考〈定時募集〉の場合、a．三九％、b．五三．七％、c．三・九％、といった形で公表されている。（このような情報は、大学教育協議会が毎年発行している『大学入学情報』に、その詳細が掲載されている。）

＊＊二〇〇九年度の高麗大学の一般選考（人文系）の場合、a．学校生活記録簿（四〇％）、b．修能（五〇％）、c．論述（一〇％）となっている（受験生は、各大学の配点比率を考慮して、志願大学をどこにするかについて作戦を練ることになる）。

③選考時期：入試の多様化（受験機会の複数化）により、選考時期は次の三種類に分けられている。

a．随時募集：定員の一〇％以内（第一学期随時募集）で、大学が都合のよい時期にいつでも募集できる特別選考の一種であり、ソウル大学の場合、高校長の推薦、海外帰国子女、外国人に適用されている。いわゆる早期募集の一種であり、修能試験とは無関係に行なわれる。

b．特次募集：これは一般選考の一種であるが、いわゆる修能試験の成績が発表されたあと、その成績を含む特技を持っている特別優秀者を対象に行なわれる募集方法である。学力・特技に自信のある学生は、このタイプの募集に応募する。

c．定時募集：これがもっとも多くの受験生が応募する一般選考であり、修能試験の成績発表後、上記b（特次募集）が終わった後に行なわれる。受験生は三群にグルーピングされた大学に応募する。各群の応募時期は別々に設定されているので、受験生は三つの大学に応募できることになる。

その後、年々「随時募集」の人気が高まっているが、この募集方法は「修能」試験以前に各大学は計二回（一学期の七月＝入学定員の一〇％以内、二学期の九月から一二月初旬）学生募集を行なうことができる。一学期の随時募集は「修能」試験以前に合否が決定されるので、選考方法は高校三年一学期までの成績（「学校生活記録簿」）と特技（各種の英語検定資格や理数系の学力オリンピック入賞歴等）によりなされ、個別大学による入試（「筆答試験」）は禁止されている。二学期の随時募集は二種類に大別され、第一は「学校生活記録簿（九〇％）」と「自己推薦書（一〇％）」によるもの、第二は「学校生活記録簿」と「論述」からなり両者の配点比重は同等ないし後者の方がやや高い選考方式である。二学期の随時募集では入学定員に占める比率に関し特段の制限がないため、随時募集（特別選抜）の比率は年々高くなっている。二学期の随時募集の場合も個別大学による入試（「筆答試験」）は禁止されているのであるが、各大学が公表している「論述」の模擬問題を見ると、実質的には主要教科（人文系、自然系）に関する記述式の「筆答試験」であり、「修能」試験よりも格段に難しい。要するに、これら一連の随時募集と称される選抜方式は一種の「青田買い」であるが、日本で流行っている推薦入学とはかなり趣を異にする。つまり韓国の随時募集は、原則として誰でも応募でき、しかもその定員枠がカテゴリー別に細分化されているため、競争率はきわめて高くなる。一般選抜（「定時募集」）以上の競争入試なのである。

果たせるかな、二〇〇八年九月、筆者がソウル大学、高麗大学、延世大学等、ソウルの名門大学の入学担当責任者にインタビュー調査したところ、このところ全入学定員に占める「随時募集」の占める割合は五〇％を超えているという。彼らは一様に、随時募集で取った学生の方が、定時募集で入った学生より能力が高く入学後の成績もよいと言う。要するに大学側は「論述」等を活用して、建前上禁止されている大学別試験（筆答試験）を、随時募集というカテゴリーの中で事実上復活させているとも言えるのである。

以上のような入り組んだ枠組みの中で、入試競争は繰り広げられている。元来、入試の多様化は画一的な学力検査に頼らず、学生の個性・適性を重視した選抜方法として導入されたものであるが、これだけ入試方法が多様化（複雑化）してくると、高度の「応募戦略」が要求されることになる。受験生や親はもちろん、高校教師も自信をもって対応することが困難になっているらしい。もっとも信頼がおけるのは入試のプロ（受験産業）ということになる。修能試験の得点が発表された後の「ヌンチ（目敏いという意味の韓国語）作戦」は苛烈をきわめるらしい。

## 3.「修能」＋「内申書」方式の限界

いずれにしても、随時募集の人気に見られるように、「修能」試験を受けないで大学に入学する者が五〇％を超えてきているという現状をどう考えればよいのであろうか。韓国の大学入試の根幹をなしてきた「修能」が機能しなくなりつつあるということは間違いなさそうである。もちろん現在のところ、政府および「修能」試験の実施責任機関である韓国教育課程評価院は、「修能」試験実施の三つの目的（①大学入学者の適正選抜、②高校教育の正常化、③選抜における公正性の確保）を堅持する立場を崩しておらず、「修能」試験の存廃が話題になっているわけではない。

ところが大学側の本音は、現行のマークシート方式による「修能」試験の学力弁別力が落ちており入学者の適正な選抜が難しくなってきたため、随時募集枠を増やしてきたことはすでに述べたとおりである。また高校三年の一学期（七月）に随時募集で合格した者の二学期の過ごし方は一般受験生（一二月の定時募集で応募する者）とは異なることになり、「修能」の目的である高校教育の正常化を著しく阻害していると言われている。

さらに深刻な問題は、「修能」試験とセットで導入され、入学者選抜の決め手になっている「学校生活記録簿」(内申書)の信頼性がこのところ大きく揺らいでいることである。韓国では過去三〇年以上にわたる高校「平準化」政策により高校入試を禁止し、国公私立一律に抽選により学生を各学区に機械的に配定してきた。このような平準化措置により高校間に格差は存在しないという前提のもとに、政府は各大学に対し高校の「学校生活記録簿(内申書)」を入学者選抜の有力な判定資料として使うことを強要してきた。また同様の理由から「修能」試験の高校別データは公表されてこなかったのであるが、近年この建前は通用しなくなりつつある。受験塾が林立していることで有名なソウル市江南地区の高校と他の地区の高校との格差がないと信じる者は誰もいないであろう。さらに別の問題として、ここ十数年にわたり「平準化」政策の補完措置と称して、特殊高校(科学高校、外国語高校等)や科学英才高校が続々と創設されてきたが、これらの学校の「学校生活記録簿」を平準化地域の学生のそれと同等に扱うことは、そもそも意味をなさないであろう。

## 4. 「平準化」政策の見直しと大学入試の行方

もともと「高校平準化」は、大学受験競争を緩和し高校教育を正常化するために導入された政策であった。ところが「平等」原理を強調するあまり、初等学校(小学校)入学から高校卒業まで原則として「入試」を禁じたため、結果的に競争は一生一度（一日）の大学入試（「修能」）一点に集中することになり、皮肉にも受験準備は初等学校にまで低年齢化したといわれている。他方、「平準化」政策により高校進学率は年々増加しほぼ一〇〇％に達し、二〇〇八年九月初旬に教育科学技術部から発表された大学進学率は八三・八％を記録するまでに上昇したのである。

こうした大学全入時代の到来を踏まえ、新政権は去る四月に「学校自律化促進計画」を発表し、これまでの「平準化」政策の見直しを示唆した。韓国のCEOを標榜する李明博大統領は、大学教育に対してはグローバル時代を牽引できる次世代プレーヤーの育成を求めており、そのためには「競争」原理を重視した教育政策への転換を強調している。折りしも二〇〇九年の七月下旬に行なわれたソウル市教育監（教育長）の選挙で再選を果たした孔貞沢氏は、就任早々、ソウル市における高校選択制および学校別成績の公表に対し前向きの発言を行ない、各種メディアは「平準化」政策の見直しが本格化すると報じている。また二〇〇九年九月に開会した国会においても、安秉萬・教育科学技術部長官は、これまで未公開の原則を堅持してきた「修能」試験データを、政策立案および研究用に限ってではあるが国会議員等に公開すると答弁し、大きな反響を呼んでいる。

これら一連の動きはこれまでタブー視されてきた「平準化」政策の見直しに弾みをつけそうな気配である。この動きが本格化すれば、大学入学者選抜にも大きな影響をもたらすことは必至である。現在のところ、政府が公表している二〇一〇年度入試に向けての改革事項としては、①随時募集の統合（一学期募集を取りやめ二学期募集に一元化）、②低所得者層等を対象とする定員外特別募集枠の増大、これら二点が挙げられているにすぎないが、「平準化」政策に大胆なメスが入ることになれば、高校間格差は顕在化するところとなり、「修能」試験そのものの見直しや個別大学による入試の復活など、韓国の大学入試は劇的な変化が予想されるであろう。

**【参考文献】**

1　馬越徹『大学無試験制』は可能か――激化する受験競争」、『ＩＤＥ：現代の高等教育』四二二号、二〇〇二年二、三月、六六-七一頁。
2　金美蘭「定員は十分あっても激化する大学入試」、『カレッジマネジメント』一〇七号、二〇〇一年三、四月、一八-二三頁。
3　教育人的資源部「二〇〇八年度大入制度改善案に伴う多様な大入選考模型開発研究」、『政策研究：二〇〇五―二』二〇〇五年（韓国語）。
4　林篤裕「韓国の大学入試制度とわが国への示唆」（二〇〇六年一一月二九日：大学入試センター職員研修セミナー資料）出典：http://rche.kyushu-u.ac.jp/~hayashi/haifu/Seminar 06 K13_1129bpdf（二〇〇九年一二月六日）
5　有田伸『韓国の教育と社会階層―「学歴社会」への実証的アプローチ』東京大学出版会、二〇〇六年。
6　韓国人的資源部・韓国大学教育協議会・韓国専門大学協議会『二〇〇九年度大学入学選考基本計画』二〇〇七年（韓国語）。
7　キム・ジョンホ「大学修学能力試験の現状と課題」、韓国大学教育協議会『大学教育』一五四号、二〇〇八年七、八月号、一〇八-一一四頁（韓国語）。
8　馬越徹「韓国の大学入試」、『ＩＤＥ：現代の高等教育』五〇六号、二〇〇八年一二月、五四-五七頁。

# 第10章　大学院改革の現状と課題
## ——多様化・専門職化・高度化に向けて

日本統治から解放された一九四五年にほとんどゼロからスタートした韓国高等教育は、その後目覚しい発展を遂げて今日に至っている。二〇〇八年度の高校進学率はほぼ一〇〇%、そして大学進学率（現役のみ）は八〇%を大きく上回り、浪人生を含めれば同年齢の五人のうち四人以上が高等教育機関（大学・専門大学等）に在籍している。このような超高学歴社会は、大学院在籍者数にも現われている。二〇〇八年度の大学院在籍者数は三〇万一、四一二名を数え、その絶対数において同年の日本の大学院在籍者数（二六万二、六八六人）を上まわっている。ちなみに韓国の総人口は、日本の約四〇%強にすぎない。

たまたま筆者は一九七〇年代初頭に韓国の大学院に在籍した経験を有しているが、その頃の韓国の大学院は閑古鳥が鳴いていた。一九七〇年度の大学院在籍者数は、六、六四〇人にすぎなかった。韓国の大学院在籍者数は、過去三七年間に実に約四五倍にまで激増したことになる。このような大学院の急成長をもたらした原因はどこにあるのであろうか。以下、韓国の大学院の制度的仕組みとその特色を探ってみよう。

## 1．大学院の制度化

### （1）大学院制度の歴史

韓国の大学院は、米軍政期（一九四五～四八年）および第一共和国（一九四八～六〇年）時代を通じて、アメリカの大学院制度の影響を受けて形成され、その原型は一九四九年に制定された教育法（法律第八六号）に規定されている。一九七〇年代の教育法（一九七四年）およびその施行令（一九七五年）から、大学院に関する規定を抜き出すと次のとおりである。

第一〇九条　大学は初級大学、大学（単科）、大学校（総合）の三種類とする。

大学校には三個以上の単科大学（日本の「学部」に相当）と大学院をおく。

単科大学にも大学院をおくことができる。

第一一二条　大学院の修業年限は二年以上とする。大学院に入学できる者は、大学（初級大学を除く）、師範大学を卒業した者またはそれと同等以上の学力があると認定された者とする。

同法施行令第一一八条（大学院の課程）　大学院には碩士（筆者注：日本の修士に相当）と博士の学位を授与するための課程をおく。

同法施行令第一二一条（大学院の学位論文提出）　①大学院で一年以上修学し、専攻科目二四単位以

上を修得した者は碩士学位論文を、三年以上修学し専攻科目六〇単位以上を修得し、二種類の外国語試験と博士学位試験に合格した者は、博士学位論文を提出することができる。

②前項の外国語試験と博士学位試験は、大学院委員会が実施する。

③大学院においては、毎学期一二単位を超えて単位を取得することはできない。

以上から明らかなように、韓国の大学院制度は、一定のコースワーク（単位履修）を修了して初めて学位論文（碩士論文、博士論文）を書く資格が生じる、さらには博士論文の場合は執筆に先立って「博士学位試験」と「二種類の外国語試験」に合格しなければならない等の条件が課されている。つまり韓国はアメリカ・モデルの課程制大学院制度を導入したのである。また、教育法に「大学校には三個以上の単科大学と大学院をおく」（第一〇九条）と規定されているように、大学院は単科大学と並置された位置づけになっている。韓国の大学院（一般大学院）は、設置形態としては全学的なものであり、したがって学位（碩士、博士）は、総長と大学院長の両名の名前で授与される。このような大学院制度の基本的性格は現在も継承されているが、近年における社会の高度化・多様化に対応して、大学院制度には一九八〇年代以後、大幅な改編が加えられてきた。

先に見た教育法は、一九九七年末を期して、「教育基本法」「初・中等教育法」「高等教育法」に三分割されたが、高等教育法に規定された最新の大学院関係規定は次に見られるように、大きな変化を遂げている。

第二九条（大学院）①大学（産業大学・教育大学および遠隔大学を含む）に大学院をおくことができる。但し、サイバー大学は教育条件および教育課程の運営に対する評価等、大統領令で定める基準を充足する場合に限る。

②大学院に学位課程以外に、必要に応じて学位を授与しない研究課程をおくことができる。

③大学におく大学院の種類、学位課程、研究課程およびその運用に関し必要な事項は大統領令により定める。

第二九条の二（大学院の種類）①大学院はその主とする教育目的により、次の各号のとおり区分する。

1．一般大学院：学問の基礎理論と高度の学術研究を主たる教育目的とする大学院

2．専門大学院：専門職業分野の人材養成に必要な実践的理論と研究開発を主たる教育目的とする大学院

3．特殊大学院：職業人または一般成人のための継続教育を主たる教育目的とする大学院

②大学（大学院大学を除外する）には、一般大学院・専門大学院または特殊大学院をおくことができ、産業大学および教育大学には専門大学院または特殊大学院をおくことができ、放送・通信大学には特殊大学院をおくことができ、大学院大学には専門大学院および特殊大学院のうち、いずれか一つの大学院をおくことができる。

③第一項の専門大学院中、法科専門大学院の設置・運営に関する事項は、別途法律で定める。（条新設二〇〇七年七月一三日）

第三〇条（大学院大学） 特定分野の専門人材を養成するために必要な場合には、第二九条第一項（①）の規定にかかわらず大学院のみをおく大学（以下「大学院大学」と呼称する）を設置することができる。

第三一条（授業年限） ①略
②大学院の授業年限は次の各号とする。
1．碩士学位課程および博士学位課程：おのおの二年以上
2．碩士学位課程と博士学位課程が統合された課程：四年以上
③学則が定める単位を超過して取得した者に対しては、第一項（①）および第二項（②）の規定にかかわらず、大統領令が定めるところにより、第一項および第二項の規定による授業年限を短縮することができる。

以上の関係法令から明らかなように、現在の韓国の大学院制度は一九七〇年代のそれに比べて、かなり多様化が進んでいる。第一に、大学院はその教育目的に応じて三種類（一般大学院、専門大学院、特殊大学院）に類別化された。旧来の大学院はいわゆる学術的大学院としての一般大学院に吸収され、新たに専門大学院と特殊大学院の制度が設けられた。第二に、七〇年代半ばまでは碩士課程と博士課程がそれぞれ分離していたが、今日では従来の分離型のほかに、両者を統合した一貫型（四年以上）、さらには学位の授与を目的としない研究課程の設置が認められた。第三には、碩士課程に特化した

専門大学院および特殊大学院とともに、学士課程（学部）をもたない大学院大学を新たに制度化したことも最近の新しい傾向である。第四に、大学院の修業年限は碩士課程の場合は二年以上、博士課程の場合は四年以上と法律で規定されているが、各課程において必要とされる単位数は学則で定められることになった。なお、かつては年間履修単位の上限（一二単位）が定められていたが、新しい制度のもとではむしろ単位を超過して取得した者には、修業年限の短縮を可能にする弾力措置が取り入れられた。

## （2）大学院と学位制度の関係

韓国の大学院がアメリカモデルの課程制大学院として制度化されてきたことは上述のとおりであるが、一九七四年までは一種の「抜け道」が用意されていた。すなわち、博士課程修了者または大学院委員会においてこれと同等以上の学力があると認定された者に対して、博士請求論文の審査と口頭試問および二種類の外国語試験の合格を経て、博士学位を授与していたのである。つまりこの時点までは韓国の博士学位は、日本と同様に、課程博士と論文博士が事実上併存していた。当時の韓国では、医学分野を除けば、博士学位を取得したい者のほとんどはアメリカの大学に留学して取得するのが一般的であり、ごく例外的に人文・社会学系のわずかの研究者（すでに教授職にある者）が国内で論文博士を取得していたのである。すなわち形の上では課程制大学院が制度化されてはいたものの、実質的には機能していなかった。こうした現状に対して、当時の文教部教育政策審議会報告書（一九七四年）は、韓国の大学院を「理念不在、研究不在、教育不在、学生不在」と酷評し、その改革を強く訴えていた。

そこで韓国政府（文教部）は、一九七五年を期して旧規定を撤廃し、先に示した法令（教育法施行令第一二二条）にみられるように、博士学位は大学院の博士課程履修者のみに授与される「課程博士」制度に全面的に切り替えた。すなわち博士学位を取得できるのは、「……大学院において三年以上修学し専攻科目六〇単位以上を取得した者で、二種類の外国語試験と博士学位試験に合格した者」に限定したのである。韓国はいわゆる論文博士を撤廃することにより、名実ともに課程制大学院制度を整え、その後学位の量産体制に入っていったのである。当時、博士学位を持っていなかった大学教授たちは比較的短期間に博士学位を取得できるアメリカの大学院に競って留学した。日本に来て論文博士の取得を試みた人たちもいたが、結局は年数がかかりすぎることが分かりアメリカ留学に切り替えた人たちも少なくなかった。

## 2．大学院の多様化・専門職化

### （1）量的拡大の構造

本章の冒頭でも記したとおり、一九七〇年当時の大学院生数は六、六四〇人にすぎず、大学院の制度そのものは整備されていたが、実質が伴っていなかった。ところが一九七五年を境に大学院生は

### 表10-1　大学院生数の設置者別・課程別内訳（2008年度）

単位：人（　）内％

| 総計 | 設置者別 | | 課程別 | |
|---|---|---|---|---|
| 301,412 | 国公立 | 89,684 (29.8) | 碩士課程 | 74,128 (82.7) |
| | | | 博士課程 | 15,556 (17.3) |
| | 私　立 | 211,728 (70.2) | 碩士課程 | 177,882 (84.0) |
| | | | 博士課程 | 33,846 (16.0) |

【出典】教育科学技術部・韓国教育開発院『教育統計年報』2008年度版より作成

増加に転じ、その後一〇年間（一九七五～八五年）に七〇年当時の約一〇倍（六万八、一七八人）に増加したのである。さらにこの増加傾向は九〇年代に入って加速し、九〇年代の一〇年間（一九九〇～九九年）に再び二・三倍増（八万七、一六三人→二〇万四、七七三人）を記録し二〇万台の大台に乗り、二〇〇八年のデータによれば三〇万人台に達している（**表10－1**）。

　このような量的拡大の内実はどのようなものであろうか。設置者別に見ると、二〇〇八年度の場合、約七割の大学院生は私立大学の大学院に、課程別に見ると国公立、私立を問わず八〇％以上の大学院生は碩士課程に在籍している。このように韓国の大学院の量的拡大を支えたのは、私立大学の大学院と碩士課程の大学院であったと言える。

　このことと関連して、一般大学院および専門・特殊大学院の性格について、若干の説明を加えておく必要があろう。先に見たように、一般大学院（碩士・博士課程）は高度の学術研究を目的とし、研究者・大学教員などを養成する伝統的な大学院である。ところが専門大学院および特殊大学院は専門職業分野の人材養成を目的とするプロフェッショナル・スクールである。高等教育法（一九九七年）が法制化される以前には、専門大学院と特殊大学院との区分が必ずしも明確ではなかった。ところが高等教育法の施行により、専門大学院はかなり特化された高度専門職分野の人材養成を目的とし、特殊大学院は現職者および一般成人の継続教育機関として性格づけがなされることになった。したがって両者とも碩士課程を主とするが、前者の場合は設置基準のハードルが後者より高く、一定の条件をクリアすれば博士課程の設置も可能となっている。しかしそれを可能にするには、①大学院専用の建物、②大学院専任教授の確保（学生定員一〇〇名当たり、人文社会系八名、理工系一〇名、医学系二五名）、③博士課程の新設を行なう場合には、教授の二分の一以上がＳＣＩへの論文掲載実績（人文社会系の場合、全国レベルの国内学術誌に毎年一篇以上の論文発表）をもつ場合に限る等の厳しい条件がつけられている。

## (2) 専門分野の特性

次に大学院の専門分野の特色を、碩士・博士の授与状況から見てみよう。碩士学位の場合、一般大学院の碩士と専門・特殊大学院の碩士を合計した数値であるが、**表10－2**に見られるように、自然系（二六・八％）、社会系（二四・七％）、師範系（二一・九％）の順に高い比率となっている。自然系碩士の大半は一般大学院修了者によって占められているが、社会系碩士の半数以上は、専門大学院および特殊大学院の修了者によって占められている。社会系の碩士は、専門大学院・特殊大学院としての経営大学院（四六校）、産業大学院（四〇校）、行政大学院（三七校）、経営政策大学院（一六校）の修了

### 表10-2　専攻分野別学位取得者数　2008年度

単位：人（　）内%

| 専攻分野 | 碩士学位取得者 | 博士学位取得者＊ |
|---|---|---|
| 人文系 | 9,484 (11.5) | 952 (9.8) |
| 社会系 | 20,318 (24.7) | 1,118 (11.5) |
| 自然系（理・工・農・水産海洋等） | 22,038 (26.8) | 4,167 (42.9) |
| 医歯薬系（獣医・漢医含む） | 7,389 (9.0) | 1,964 (20.2) |
| 保健・看護系 | － | 176 ( 1.8) |
| 師範系 | 18,017 (21.9) | 424 (4.4) |
| 芸術・体育系 | 5,047 (6.1) | － |
| その他 | － | 909 (9.4) |
| 合計 | 82,293 (100.0) | 9,710 (100.0) |

＊2007年度（2007.3～2008.2）の取得者（名誉博士除外）
【出典】教育科学技術部・韓国教育開発院『教育統計年報』2008年版より作成

者がほとんどである。師範系の碩士の場合も、特殊大学院としての教育大学院（一一六校）の修了者が九割以上を占めている。このように碩士学位の七八・二％はこれら三分野（自然・社会・師範系）によって占められており、続いて人文系（一一・五％）、医歯薬系（九・〇％）、芸術・体育系（六・一％）の順となっている。

一方、博士学位は現状ではほとんどが一般大学院で授与されたものであるが、自然系（四二・九％）、医歯薬系（二〇・二％）がもっとも多く、両者で全博士学位授与数の六三・一％を占めている。これらに次いで多いのは、社会系（一一・五％）であり、人文系（九・八％）、師範系（四・四％）がそれに続いている。先に見たように、韓国では課程制大学院が軌道に乗り学位の量産体制が整ったため、現在では年間約一万名（九、七一〇名）の博士学位が輩出されているのである。

ちなみに博士学位の年間授与数を日韓比較すると、日本の数値は二〇〇五年度のものであるが、自然系・医歯薬系は日本が韓国の約二・三倍となっているが、社会系・人文系についてみると授与数の絶対数において韓国の方が多くなっている。日本の人文・社会系では課程制大学院が十分に機能していないことが、このことからも明らかである。なお、硕士（修士）課程についてみると、在籍者は韓国の方がその絶対数においてはるかに多いにもかかわらず、硕士（修士）学位年間授与数では日本の方がやや勝っているのは、韓国の硕士課程が現職者を対象にした特殊大学院（夜間）として設置されているケースが多いため、休学ないし長期履修者がかなり在籍するためと思われる。

### (3) 大学院修了者と労働市場の関係

韓国の大学院がこのように量的に拡大した原因はどこに見出せるのであろうか。一般的によく指摘されるのは親の教育熱の高さである。韓国統計庁の「韓国の社会指標調査」（一九九一年）によれば、親（父母）の子どもに対する学歴期待は、「大学院以上」とする者が息子に対しては二四・四%、娘に対しては一四・四%となっている。同時期の日本の親の子どもに対する「大学院」進学期待（息子三・七%、娘一・八%）（日本女子社会教育会「家庭教育に関する国際比較調査報告書」一九九四年）に比較すると、韓国の親の大学院進学に対する期待度が桁外れに高いことが明らかである。したがって、これだけ大学院が量的に拡大しているにもかかわらず、大学院志願者に対する入学者の比率は五割程度なのである。

このように大学院進学希望者が多いのは学部卒に比べ、労働市場への参入に際して有利に働くためだと考えるのが一般的である。ところが河合紀子の研究によれば、韓国企業の新規採用方針は、大学院修了と学部卒は同等に扱うことになっており、前者に対して特別に優遇措置を講じているわけではないようである。人文・社会系大学院修了者の場合などは、事実上就職に不利にはたらくケースもなくはないようであり、日本の事情と大差ない。それにもかかわらず大学院進学希望が高い理由として河合は、①大学卒が当り前となった韓国で高度の社会的活動を行なうには、学卒より一段高い「〇〇大学院修了、〇〇学碩士・博士」の肩書きがものをいう（一種のブランド効果）、②大学院在籍中に教授陣および同級生との「人脈」を作ることができる、③いわゆる儒教社会特有の高学歴信仰、を挙げている（河合、一九九九）。

ただ現職社会人の場合、特殊大学院（碩士課程）に入学して学位を取得すれば、職場における人事考課（昇給・昇進）において一定の効果がある。例えば、専門・特殊大学院のうち数の上でもっとも多い教育大学院（すべて夜間：一一六校）の場合、修了して碩士学位を取得すれば、一定号俸の昇給が保証されており、将来の昇進人事における加算点が取得できる仕組みになっている。したがって現職教師に人気があり、四年制大学の半数が教育大学院を有して経営的にも安定的に運営していると言われている。一般公務員の場合も行政大学院を修了すれば一定の優遇措置が講じられているし、一般企業も有名大学の経営大学院で碩士（ＭＢＡ）を取得すれば、それなりの処遇をするところが増えている。

但し、一般大学院の博士課程の場合は、近年における一八歳人口の急減によりアカデミック・マーケット（教授職・研究職）が縮小しているので、博士学位を取得しても大学・研究所等への就職は楽観できない。それにもかかわらず課程博士は量産されつづけており、加えて年間一、〇〇〇人以上の韓国人がアメリカで博士号を取得して帰国するので、労働市場との関係でいえば韓国の博士課程は完全に供給過剰となっている。ちなみに、韓国学術振興財団が行なっている「海外学位取得者調査（博士号のみ）」によれば、一九九七年の帰国登録者は二、一九九人、一九九八年は一、七六五人、一九九九年は一、二一五人となっており、徐々に減少しているとはいえ、二〇〇〇年代にはいっても毎年一、〇〇〇人前後の人材が外国の大学で博士学位を取得し、帰国しているのである。韓国のアカデミック・マーケットはますます熾烈な競争にさらされている。

## 3. 大学院の高度化

高等教育法第二八条は、大学の目的を「大学は人格を陶冶し、国家と人類社会の発展に必要な学術の深奥な理論と応用方法を教授・研究し、国家と人類社会に貢献することを目的とする」と規定している。国家と人類社会に貢献するという目的を達成するために、大学は教育と研究を二大目的としているのである。ここでいう大学には「大学院」が含まれており、大学院には特に研究機能が期待されていることは言うまでもない。

韓国の大学院は、これまでみてきたように一九八〇年代以後、爆発的ともいえる量的拡大を遂げてきたが、その担い手となったのは「学問の基礎理論と高度の学術研究」を目的とする一般大学院ではなく、職業人の資質向上を目的とする特殊大学院（碩士課程：主として夜間）であった。特殊大学院の教授陣は学部（学士課程）の教授が兼任している場合がほとんどであるため授業負担が過重となり、研究はもちろん大学院教育にも十分に取り組めず、結果として大学院教育の質的低下を招いていると言われる。

そこで政府は一九九七年の金融危機を契機に、競争力のある国際水準の大学院育成に乗り出した。金大中政権発足（一九九八年）と同時に「頭脳韓国二一世紀事業」（通称BK21）を打ち出し、当初はソウル大学を世界に通用する大学院中心の研究大学に育成すべく、五年間（一九九九～二〇〇三年）に一兆四〇〇〇億ウォン（約一、四〇〇億円）を集中投入する予定であった。ところがこの計画には財政難に苦しむ全国の大学から猛反対が起こり、結局政府は原案を修正して、全国の大学を対象とする七年計画（予算総額は当初予算と同額であるので、年間二、〇〇〇億ウォン＝約二〇〇億円）のBK21事業をスタートさせたのである。

そこで全国の大学（主として大学院）から、四分野（①科学技術、②人文社会科学、③地方大学育成、④特定研究分野育成）に関して研究プロジェクト（事業団）を公募し、プロジェクトの中心となる研究拠点（COE：同一プロジェクトに他大学の研究者を加えることができる）を選定した。その結果、六九のプロジェクト（研究拠点）が選定されたが、事業の主要目的が「世界水準の大学院育成」におかれたため、もともと競争力のある二〇前後の有力大学に研究拠点は集中することになった。初年度の予算の四五％にあたる約九〇〇億ウォンはソウル大学に配分される結果となった。

このBK21の特色の第一は、特定分野を「世界水準」にレベルアップすることに重点がおかれていたため、特に科学技術分野では、分野ごとにベンチマーキング大学（その分野における世界の最優良大学と研究協力関係（著名教授の招聘、大学院生の派遣、共同研究の推進等）を結ぶことになっていた。ちなみに指定されたベンチマーキング大学九八校中九二校はアメリカの大学であった。第二の特色は、研究費の集中配分の条件として大学院改革事項が組み込まれていた点である。すなわち大学院中心の研究大学への移行措置として、①学部学生定員の削減、②大学院の門戸開放（他大学出身者を五〇％以上受け入れる）、③教授の研究業績評価制の実施と昇進・昇給のリンク、④大学院入試制度の改善等が条件として課されていた。第三の特色は、この事業が若手研究者の養成におかれていた点である。総経費の七〇％程度を大学院生およびポスドク・フェローに対する研究奨励金、研究助手（RA）雇用、海外研修・留学に当てることが条件となっていた。

ただ、このような大学院の研究機能強化に重点をおいた事業に対しても、①特定大学（大学院）優遇、②理工系（特に応用分野）優先、③人文社会科学系軽視、④基礎科学研究軽視、等の批判がつきまとっている。さらに近年における大学内ベンチャー企業の育成・支援は、大学の企業化に拍車をかけており、優秀な教授および大学院生ほど、利潤に結びつく研究に忙殺され、大学院本来の教育と研究が軽視されかねない危険性を持つことが指摘されている。

筆者は二〇〇〇年から翌年にかけてソウル大学の客員教授として一年間、社会科学系COEの一つに参加したが、研究の実質的担当者が大学院生であることに驚いた。彼らは本来の大学院におけるコースワークや博士論文の執筆に集中できないほど忙しく立ち働いている。また有名大学の教授ほど社会的活動に忙しく、COE活動のみならず、大学院生の碩士・博士論文指導も疎かになっている印象をうけた。COE（BK21）活動に関連して、もう一つ気になったことは、一年ごとに研究成果に対する評価が定量的になされ、評価結果が悪い場合には、次年度の予算が打ち切られ、研究拠点は廃止されることである。このような短期間（一年毎）の評価方法に対しては、各方面から改善要求が出されている。

## 4. 特殊大学院の試み——大学職員の資質向上のための大学院プログラム

二〇〇八年現在、韓国の大学院学生の五八％が特殊大学院（修士課程）に在籍していることからも明らかなように、現職者の継続教育的色彩を持っている特殊大学院が、韓国における大学院の量的拡大を牽引してきたことは紛れもない事実である。そこで最近注目されている大学職員の資質向上を目的に設置された特殊大学院プログラムについて、紹介しておきたい。

近年、韓国では大学職員は人気職種の一つであり、一つのポスト（公募）に五〇人もの志願者が殺到することも珍しくないといわれている。その理由の一つとして、大学危機の時代にあって、大学経営陣は優秀な大学職員を求めており、待遇面でも好条件で彼らを雇用し始めていることがある。また高等教育の拡大により、大学職員職が専門職マーケットを形成しつつあるとも言われている。

それに呼応するように、大学職員の資質向上を特殊大学院プログラムの中で試み、彼らを専門人材として大学に送り込もうとする大学が現れ始めている。以下、二つの大学の事例を通して、大学職員の資質向上を目的として設立された大学院プログラムのねらいと特色について考察してみたい。

### (1) 弘益大学・教育経営管理大学院（大学行政専攻）の事例

弘益大学はソウル市麻浦区に立地する総合大学であり、大学院は一般大学院に加え、一二の特殊大学院を擁する大規模私立大学である。特殊大学院の中には、初等中等学校の現職教員の再教育（研修）を目的とする教育大学院がかなり早い時期に設置されている。それに加えて、学校教育および大学等の経営人材および事務職員の資質向上に資することを目的に一九九七年に設立された教育経営管理大学院がある。後者は教育経営管理者を養成する韓国初の大学院として注目を集めてきた。特に四専攻（大学行政、教育政策、学校経営、奨学）のうち大学行政専攻は過去一〇年間の実績が評価され、二〇〇五年度に教育人的資源部（現・教育科学技術部）より大学院特性化（重点課題）拠点に指定され、徐廷華教授を中心に四ヶ年計画（二〇〇五〜〇九年：予算総額約二〇億ウォン＝二億円相当）で大学院における大学行政プログラムの開発研究に取り組んでいる。本拠点事業の主要な柱として、①大学行政専攻学生支援（授業料支援、修士論文作成支援）、②大学行政に関する叢書の刊行（全一〇巻）、③大学行政に関する研究報告書の刊行（二〇点）、④サイバー・プログラムの開発、⑤関係インフラの構築（大学行政革新センターの構築）、等が計画され、それぞれの事業は着実に実施に移されている。

以下、教育経営管理大学院の現況を大学行政専攻を中心に紹介する。

a．入学要件：大学行政専攻を志願する者の入学資格要件は、韓国の大学で学士の学位を取得した者およびそれと同等以上の学力をもつ者とされている。入学者選抜は、①専攻科目筆記試験と②口述試験からなっている。一般大学院志願者に課されている外国語試験は課されていない。

b．修了要件：本専攻は入学者が現職社会人（教育行政職または大学職員）であることに鑑み、週末開講（土曜日午後四時～九時：二科目履修が可能）を基本としている。碩士（日本の「修士」）課程修了までに、五学期（二年半）在籍し、三〇学点取得する必要がある。修了方法には次の二種類がある。

①碩士学位論文コース：二四学点以上＋六学点（碩士論文）、計三〇学点以上

②学点修得コース：三〇学点以上、計三〇学点以上

弘益大学の場合、アメリカの大学院でよく見られる一科目三学点（一コマ三時間）方式をとっているので、前者（①）の場合は八科目、後者（②）の場合は一〇科目以上の科目履修が必要となる。修了者には、教育経営管理碩士の学位が授与される。なお、本専攻開設当初は学点修得コースを選択する者が多かったようであるが、近年はほとんどの者が碩士学位論文コースを選択している。

ちなみに、二〇〇八年一〇月時点の教育経営管理大学院の在籍状況は**表10‐3**のとおりであり、大学院設立当初は教育政策および学校経営分野の学生が多かったが、近年は大学行政分野の学生が増えている。

c．教育課程：大学行政専攻の教育課程は、「大学行政業務（教務、学事、研究、財政管理等）の遂行

**表10-3 弘益大学教育経営管理大学院・専攻別在学生**

(2008年10月現在)

| 専攻／セメスター | 1 次 | 2次～5次 | 計 |
|---|---|---|---|
| 大学行政 | 8 | 29 | 37 |
| 教育政策 | 1 | 5 | 6 |
| 学校経営 | 4 | 19 | 23 |
| 奨学 | 1 | 3 | 4 |
| 計 | 14 | 56 | 70 |

【出典】参考文献14による。

に関連した理論と知識を習得して、高等教育政策の実践に対する理解をもとに大学教育改革の戦略を探索する」ことを教育目標に、講義と現場体験学習から構成されている。

教育課程は、必修科目（四科目）、選択科目（一〇科目）、先修科目（三科目）からなっている（**表10－4**）。先修科目も必修科目の一種であることを考えれば、六科目（一八学点）が必修科目扱いということになる。したがって碩士学位論文コースを選択した場合、選択科目は最低二科目の履修で済ますことも可能である。また、学点修得コースの場合でも、選択科目は四科目の履修で修了することができる。実際は、三〇学点以上履修している者が多いようであるが、弘益大学の場合、大学行政専攻の教育課程編成は、教育学関連の必修科目の履修に重点がおかれ、選択科目は実践（実務）的な科目構成になっていることを特色としている。

d．教授陣の構成：上記の科目を担当する教授陣のうち、教育経営管理大学院の専任教授は二人にすぎない。専任教授の二人が担当する以外の科目は、二人の兼任教授（教育科学技術部の上級職員、韓国教育開発院の上級研究員等）と一〇名の時間講師によってこれらの科目が担当されている。このように弘益大学の大学行政専攻の授業は、専任教授以外の高等教育行政の実務家への依存度がきわめて高い。近年、大学行政

**表10-4　現行教育課程**

(2008年10月現在)

| 区分 | 教科科目 | 時間数 | 学点 |
|---|---|---|---|
| 必修 | 教育法 | 3 | 3 |
| 同 | 高等教育法規論 | 3 | 3 |
| 同 | 高等教育改革特講 | 3 | 3 |
| 同 | 教育研究法 | 3 | 3 |
| 選択 | コミュニケーションと交渉論 | 3 | 3 |
| 同 | 高等教育政策 | 3 | 3 |
| 同 | 大学人的資源管理論 | 3 | 3 |
| 同 | 大学発展企画論 | 3 | 3 |
| 同 | 現場問題セミナー | 3 | 3 |
| 同 | 学事管理の実践 | 3 | 3 |
| 同 | 学生募集と選抜の実践 | 3 | 3 |
| 同 | 大学評価理論と実践 | 3 | 3 |
| 同 | 大学と生涯教育 | 3 | 3 |
| 同 | 大学史 | 3 | 3 |
| 先修* | 教育行政の理論と実際 | 3 | 3 |
| 同 | 教育学概論 | 3 | 3 |

*必修および選択科目を履修する前に、履修が義務づけられている基礎科目
【出典】参考文献14による。

専攻の学生が増え、彼らの多くが碩士学位コースを選択する傾向が強くなっている現状を考えると、論文指導を担当する専任教授の増員を講じる必要があろう。

### (2) 亜州大学・教育大学院(大学行政管理専攻)の事例

亜州大学はソウル近郊の京機道水原市(道庁所在地であり、その一部は世界遺産に指定されている)に所在し、立地条件に恵まれていることもあり、近年その発展が注目されている私立大学である。この大学に教育大学院が開設されたのは一九九六年であり、教育大学院としてはもっとも新しい部類に属するが、二〇〇〇年に教育部が行なった教育大学院評価では、早くも「優秀教育大学院」の認定を受けた実績を有している。現在一二専攻を有する全国有数の教育大学院となっている。それら一二専攻の一つとして、二〇〇〇年九月に「大学行政管理専攻」が開設され、話題を呼

んだ。
この専攻が設置された背景には、教育部長官を歴任した金徳中総長（二〇〇〇年当時）の大きなイニシアチブがあった。新しい大学を生み出す上で大学職員の専門性開発が急務であることを力説してきた総長は、新専攻の誕生に一役買うと同時に、自大学の職員五名（第一期生）に全額奨学金一、〇〇〇万ウォン（約一〇〇万円）を与えると同時に、他大学の職員に対しても第一期生に対しては一学期の授業料二〇〇万ウォン（約二〇万円）を免除するという特典を設けて、新専攻（入学定員一五名）の発展に期待をかけた。また当時、教育大学院長職を務めていた鄭宇鉉教授（教育社会学）は、D・リースマンの著書『アカデミック・レボリューション』を引き合いに出しながら、「スタッフ・レボリューション（大学職員革命）なくして二一世紀の大学改革を成功に導くことはできない」との持論を展開していた。ただ当初の期待どおり入学者が増えているわけではなく、ここ数年の新入学生は年間平均一一名で推移している。二〇〇二年に最初の修了生を出して以来、二〇〇八年春学期までの修了生総数は五九名を数えているにすぎない。この数値は、現職の大学職員が修了予定期間内に課程を修了することが容易ではないことを示している。

以下、教育行政管理専攻の概要を紹介する。

a．入学要件：出願に際しては学士の学位を有し大学行政業務担当職員（行政職、司書、技術職等）であることが条件となっている。入学者選考は、①書類審査と②面接のみであり、筆記試験は課していない。「入学はやさしく、授業料は安く、プログラムの質は高く」が新専攻のモットーである。

b．修了要件：本専攻は夜間制（週二日：水曜日、金曜日）をとっており、碩士学位課程修了までに五学期（二年半）在籍し、三〇学点（単位）取得する必要がある。修了方法は次の二種類がある。

①碩士学位論文コース：二四学点＋六学点（碩士論文）　計三〇学点

②報告書作成コース：三〇学点＋報告書（学点なし）　計三〇学点

修了者には、教育学碩士の学位が授与されると同時に、亜州大学が認定する「大学行政専門家」という専門資格証書をあわせて授与している。

c．教育課程：大学行政管理専攻の教育課程は、「理論と実務の調和」を基本方針として、①必修科目、②選択科目、③主題別セミナーおよび特別講義（セミナー、ワークショップ、コロキウム、特別講義）、④インターンシップ（海外大学調査実習）の四領域構成でスタートした。ほとんどの科目は二学点（一コマ九〇分授業）であった。その後、基本共通科目と深化課程（科目）からなる新教育課程に移行している。新教育課程においては、必修科目と選択科目の区分をなくし、共通科目の中から自由に科目を選択させる方式になっている。また海外大学の調査実習を内容としていた開設時の「インターンシップ」は、現在では海外実習を伴わない共通科目としての「大学行政インターンシップ」に統合されている。カリキュラム改革がなされたとはいえ、科目数および科目内容にそれほど大きな変化は見られない。但し、「研究方法論」が姿を消し、「大学行政演習」および「論文指導（一、二）」が新たに科目として新設されているのが注目される。概して実務科目優位の教育課程編成になってきているといえる。また、開設時の「主題研究」領域が「深化課程（科目）」に再編され、より具体的なテーマが科目として掲げられたのも実務志向の現れと見ることができる。
**開設時（二〇〇〇年度）の教育課程**

【必修科目】

大学行政入門
研究方法論
大学情報システム論

【選択科目】

大学行政のリーダーシップと政策
大学教育課程計画
大学評価
大学人事管理と人材開発
大学における労使関係
大学行政改革のケース・スタディ
教育関係法の理解
大学財政の現実と課題
大学の情報体系とバーチャル教育
**新課程移行後（二〇〇八年度）の教育課程**

【共通科目（選択）】

大学行政管理入門
大学行政インターンシップ
大学の制度改革
大学行政改革の理論と実際
大学弘報と対外協力関係
大学と生涯教育
大学の情報体系とバーチャル教育
大学における葛藤解消と集団交渉
大学学事行政の実際と改善
大学の施設と環境管理
大学財政の現実と課題
大学人的資源の開発と管理
大学評価の理論と実際

大学学事行政の実際と改善
大学弘報と対地域関係
大学施設と環境管理
大学行政の倫理

教育関係法の理解
大学行政演習
論文指導一
論文指導二

【深化課程（科目）】
大学行政主題別セミナー
卒業生の就職指導・管理
大学の国際協力
大学の学生選抜
大学の教育課程編成

【主題研究】
主題別セミナーおよび特別講義
主題ワークショップ
主題別コロキウム

【インターンシップ】
海外大学調査実習

d．教授陣の構成：
上記の科目を担当している教授陣は開設時点では、①亜州大学の専任教授（八名）、②他大学から招聘している客員教授（四名）、③外部講師（大学関係機関・団体の専門家：一三名）、からなり、かなりの人数で構成されていた。しかし亜州大学の専任教授（①）の中でも、大学行政管理科目を担当している教育大学院の専任教授は四名であり、その他の四名は同大学の関連領域（例えば行政法等）から併任発令されていた。教育大学院の専任教授の場合も、彼ら全員が高等教育分野の専門家ではない。二〇〇八年時点においては、大学行政管理専攻の専任教授のうち、高等教育を専門とする教授は一名にすぎない。あとは教育大学院を含む学内の関連分野の教授と他大学の教授を客員教授として委嘱し、教授陣を構成しているのが実態である。外部講師（大学関係機関の専門家）の場合は、セメスターを通して科目を担当する場合もあるが、科目の一部をオムニバス方式で講義する場合が多いようである。こうみてくると大学行政管理専攻の教授陣の外部依存度が高い点が、問題として指摘できるであろう。

以上、韓国で約一〇年前に大学職員の職能向上を目的として開設された大学院プログラムについて、二大学（弘益大学、亜州大学）の事例を見てきた。これらの事例からこの分野（大学行政、大学行政管理）の大学院プログラムにおける今後の可能性と課題をまとめると、次のような点が挙げられよう。

第一は、両大学とも改革志向の強い私立大学であり、弘益大学の場合は主要大学が集中する首都圏に立地している利点を生かし、かなりの学生（ほとんどは私立大学職員）を集めることに成功しつつある。一方、亜州大学も首都近郊の水原市に立地し、近隣には首都圏の巨大私学のブランチキャンパスを含む多くの大学が立地している利点を生かし、それらの大学から毎年一〇名前後の学生（大学職員）を集めており、着実な発展を遂げてきているといえる。但し、いずれの場合も首都圏、および首都近郊の大学院プログラムであるため、地方大学からのアクセスが難しい。そこで弘益大学の場合、政府からの研究支援を得て、サイバー・プログラムを開発中であり、このプログラムの全国化をはかろうとしている点は注目される。

第二に、この種の特殊大学院のプログラムはいずれも夜間および週末（土曜）に開講されており、学生の便宜をはかっているが、さらに学生を増やすためには季節制（夏学期・冬学期）を併用することも今後の課題となろう。

第三に、教育課程について見ると、両大学で若干の違いが見られる。弘益大学大学院の場合は、一科目三学点方式で必修科目（先修科目含む）の比率が高いため、選択科目は多く開講されているものの、実質的に選択できる科目数は限られている。一方、亜州大学大学院の場合は一科目二学点方式を採用し、かつ選択科目数を増やしているので、学生の多様な要望に応えるカリキュラム構成になっている。

第四に、担当教員はいずれの大学院も外部人材（客員教授、兼任教授、時間講師）に依存する比率がきわめて高い。教育課程（開講科目）が実践志向である関係上、外部の実務家を多数登用する必要性があるとも考えられるが、専任教員を極力減らして大学院運営の経営効率を高めようとする意図が先行しているようにも見受けられる。今後、碩士学位論文コースを選択する学生が増えれば、専任教授陣の強化が必要となろう。

第五に、現在の特殊大学院（碩士課程）の枠を超えて、大学行政分野のさらなる高度化を求める学生の要求に応えるため、弘益大学大学院が韓国教育開発院と共同博士課程（「学研協同博士課程」）の運営を試み、すでにかなりの博士学位を授与している点は注目される。また、将来的には博士課程を設置できる専門大学院への昇格問題も課題になるであろう。

第六に、大学職員のための大学院を発展させる条件として、教育大学院修了者（初等中等学校教員）

に対し昇進・昇給（加算点）を保障しているように、大学行政（大学行政管理）碩士学位取得者に対しても優遇措置が講じられる必要がある。しかし現状では、そのような特典が保障されているとは言えないようである。

最後に、このような大学職員を対象とする大学院プログラムの開発の副産物として、これらの大学院の修了生および在学生（いずれも現職の大学職員）が、二〇〇四年に「大学行政職員ネットワーク」を立ち上げたことを付言しておかねばならない。ネット上での登録会員はすでに二万人を超え、さまざまな活動が展開されているようである。

## 5. 大学院改革の課題と方向

今後における韓国の大学院教育の改革課題は、何と言っても量から質への転換にある。上述のBK21以外に、政府が力を入れている大学院改革のポイントについて、簡単に触れておこう。

第一は、大学院類型別（一般大学院、専門大学院、特殊大学院）目的にそった大学院教育の改革（「特性化」戦略）である。高等教育法に明示されているとおり、学問研究を主目的とする一般大学院、高度職業人の養成を目的とする専門大学院、社会人の生涯学習（現職教育）を目的とする特殊大学院、これら三類型の大学院の目的にそって既存のプログラム・カリキュラムを点検し、大学院教育の専門化・高度化を進めていく必要があるとされている。

第二は、ややもすればこれまで曖昧であった専門大学院と特殊大学院の差別化をはかり、特に前者の育成に力を入れる方針を明確にしている。韓国における専門大学院の歴史は、一九五〇年代末にアメリカのプロフェッショナル・スクール（碩士レベル）をモデルに、ソウル大学に行政大学院（昼夜間、一九五九年）と保健大学院（昼間、一九五九年）、高麗大学に経営大学院（夜間、一九六三年）がそれぞれ設立されたのを嚆矢とするが、一九八〇年代までそれほど大きな変化はなかった。ところが九〇年代に大学院の新設が急増し、とりわけ有職者の大学院志向が顕著になるにつれ、いわゆる特殊大学院が全国津々浦々に設立されるようになった。

特に、高等教育法により専門大学院と特殊大学院との差別化が明確にされた後、世界レベルで競争できる高度専門職（医師、法曹人、CEO、建築家等）の養成を目的に専門大学院の設置が奨励されるようになった。設置認可に当たっては、準則主義を適用した上で、前述したような一定の高い基準を設定したのである。二〇〇五年度からまず先頭を切って医学・歯学系の専門大学院（いわゆるメディカル・スクール）がスタートした。さらには金大中政権時代に提案されながら、法曹界の反対で実現に至らなかった法学系の専門大学院（いわゆるロー・スクール：修学年限は三年制）についても、二〇〇八年八月、二五校に対して設置が認可され、二〇〇九年三月を期して入学定員総数二、〇〇〇名でスタートした。また現在のところ特殊大学院として運営されている多数の教育大学院についても、教職および教育管理職の高度化を目的に、一定の条件が備わったものについては専門大学院への転換を可能にし、アメリカ式のEd.D.（教育学博士）を授与できる博士課程設置を認める方向での検討が進んでいる。

第三に、大学院入学定員管理の緩和（自律化）を挙げることができる。教育部は二〇〇一年度より、それまでの厳格な学科別の定員管理を緩和し、総定員の枠内で大学（大学院）が自由に学科の新・増設を行なうことを認めたのである。こうした措置により、知識基盤社会を先導するe－ビジネス、ＩＴ、新素材、デザイン、サイバー貿易、国際通信、生命工学等の分野の学科新設を奨励した。但し、一般大学院の博士課程を新設する場合は、最低教授七名の確保等の条件をつけた。

第四として、授業年限、学位授与、単位認定等、学事管理面での弾力的運用を保障すると同時に、他方において大学院評価事業を通じて大学院教育の質的卓越性（エクセレンス）を確保する方策が検討されている。

以上のような政府の大学院改革の方針に対して、大学側が迅速に対応できているとは必ずしも言えない。特に国立大学は、金大中政権時に打ち出された「国立大学発展計画案」に対して積極的な反応を示さなかった。ただＢＫ21事業等を通じて、近年大学院間の競争は熾烈になりつつあり、大学院の高度化を中心とする改革が加速することは間違いないだろう。

## 6. 日本の大学院への示唆

これまで見てきた韓国の大学院の発展と改革動向から、われわれは何らかの示唆を読み取ることができるであろうか。大学院生の絶対数が日本のそれを上まわっている点、日本に先がけてCOEプログラムを立ち上げた点等、韓国の大学院はわれわれに強烈なインパクトを与えてくれる。しかしながら、すでに見たように、そうした韓国の優れたイニシアチブにも多くの問題があることもまた事実である。したがって他国の経験を学ぶに際しては慎重でなければならないが、少なくとも次の三点は日本の大学院改革を考える際、参考になるだろうと思われる。

その第一は、韓国ではかなり早い時期（一九七〇年代中盤）に、いわゆる論文博士を撤廃し課程制大学院を確立したことにより、大学教授資格としての博士学位をすべての専門分野において実質化すると同時に、学位（碩士・博士）の国内における量産体制を作り出すことに成功した。

第二は、アメリカの大学院制度、なかんずく専門大学院（プロフェッショナル・スクール）を早い時期（一九五〇年代末）に導入した経験があったため、高度経済成長を謳歌した一九八〇年代後半から、政府は現職社会人を対象とする各種の専門大学院および特殊大学院の設立を奨励した。また官民それぞれの立場から、大学院修了者に対して一定のインセンティブ（優遇措置）を講じたため、これらのことが韓国における大学院の量的拡大の引き金になった。

第三は、大学院改革におけるスピードと実行力である。言葉を代えて言えば、①改革方針（原理）の明快さ、②改革主導勢力のリーダーシップの存在が挙げられる。特に②に関連して大学教育協議会に見られるような国・公・私立大学の連携、行政府・立法府（議員）・改革主導教授の協力関係は、韓国の大学院改革に対して大きな役割を果たしてきたと言うことができる。

【参考文献】

1　韓国文教部教育政策審議会『韓国高等教育の実態』一九七四年（韓国語）。
2　韓国大学教育協議会『わが国の大学院学位制度改善に関する研究』一九八八年（韓国語）。
3　鄭宇鉉『わが国の大学院学位制度』、教育新書一七六、培英社、一九九二年（韓国語）。
4　韓国教育部『教育五〇年史：一九四八－一九九八』、一九九八年（韓国語）。
5　河合紀子『韓国における高学歴化現象と要因に関する研究――大学院進学機会市場と労働市場の関係を中心として』（ソウル大学大学院社会学科碩士論文の日本語版）、一九九九年。
6　韓国教育部『高級頭脳人的資源開発のための全国大学院碩・博士課程運営基本統計』二〇〇〇年（韓国語）。
7　朴仁鵬『教育資格証取得と教育大学院進学のための師範系大学院進学ガイド』東南企画、二〇〇〇年（韓国語）。
8　馬越徹「先を行く韓国の高等教育改革」、『カレッジマネジメント』一〇七号、二〇〇一年三、四月、四－一七頁。
9　馬越徹「大学改革の日韓比較――一般教育、課程制大学院、適格認定制を中心に」、『教育学年報9――大学改革』世織書房、二〇〇二年。
10　馬越徹「韓国の大学院」、江原部一・馬越徹編著『大学院の改革』東信堂、二〇〇四年、二四三－二六〇頁。
11　馬越徹「ユニバーサル・アクセス時代の高等教育の質保証に関する日韓比較研究」、科学研究補助金研究成果報告書平成一七～一八年度、二〇〇七年。
12　亜州大学教育大学院ウェブサイト http://edu.ajou.ac.kr 二〇〇八年一二月二一日、（韓国語）。
13　徐廷華『大学競争力強化のための行政専門家養成・開発プログラムの事例』桜美林大学・弘益大学「日韓研究交流セミナー論文」二〇〇八年、八－九頁。

14　馬越徹「韓国における大学職員のための大学院教育プログラム」、『桜美林シナジー』八号、二〇〇九年三月、一五－二五頁。

15　Ministry of Education & Human Resource Development (Republic of Korea), *Education in Korea: 2001-2002*, 2002.

16　Hongik University, Professional Training Development Program for University Administrators & Management, 2008a.

17　Hongik University, The Hongik Graduate School of Education Management, 2008b.

# 第11章　岐路に立つ大学評価体制
## ――「適格認定制」から競争的評価へ

### 1. 大学評価の背景

韓国における大学評価は、一九七三年に始まる「実験大学」方式による改革の中に、その芽が組み込まれていたと言える。この改革は政府（文教部）主導で行なわれたものではあったが、その教育政策審議会（高等教育分科委員会）のもとに作られた実験大学評価委員会には、国内の著名な大学人、とりわけアメリカで教育を受けた高等教育専門家が多数動員されていた。この改革で主導的役割を果たしたのは彼らであり、改革課題（①卒業単位の削減、②学生募集を学科別から系列別に転換、③副専攻制・複数専攻制の導入、④季節学期制の導入）の選定はもとより、改革を実験的に試行する大学の選定、さらには改革実績の評価に至るまで、彼らが直接タッチし大きな役割を果たしたのである。これは行政官僚が上から改革を断行する伝統的手法とは異なり、大学人が改革実績を点検・評価したうえで、さらなる改革を漸進的に積み重ねていく新しいスタイルを作り出したという意味でも画期的なものであった。特に改革実績の評価活動にはアメリカ人専門家を招聘して、アメリカの基準認定（アクレディテーション）の手法を実験的に試行したという点でも、大きな意味があったといえる。

このような大学人を全面に立てた実験的かつ革新的な改革も、強力な政府（行政権限）をバックになされたことは紛れもない事実であり、大学界に大きな緊張とある種の混乱をもたらしたことは否めなかった。そこで一九八〇年代になると、政府の政策をダイレクトに大学に押しつけるのではなく、政府と大学の間に中間的な大学連合組織を作り、それを媒介に両者が協力して高等教育を形成していこうとする機運が生まれてきた。この際もイニシアチブを取ったのは政府サイドであったが、これには大学側も賛意を表わし、一九八二年に社団法人韓国大学教育協議会が設立された。協議会には、全国の国公私立の四年制大学のすべてが会員校として加盟し、「学事、財政、施設など主要関心事に対し自律的な協議と研究調整を通して相互協力し、必要な事項を政府に建議し政策に反映させることにより、大学の自律性と公共性を高め、大学教育の健全な発展をはかる」（定款第一条）ことを目的とした。高等教育政策の形成に大学側の協力を得たい政府と、大学側の自律性（自治権）確立を求める大学側の思惑が一致して、協議会は誕生したといえる。

一九八四年には、この協議会を育成支援すべく議員立法により「韓国大学教育協議会法」（法律第三七二七号）が成立し、協議会は特殊法人になった。これにより協議会は国家予算から経費補助を受けられるようになったばかりではなく、個人・法人の寄付行為に対する租税減免措置の適用（第九条）や国・公有財産の貸与（第一〇条）等、さまざまな恩典と便宜を得られるようになり、その財政基盤は強固なものとなった。しかしこの立法措置と引き換えに、協議会は当初（社団法人時代）の定款（第四条・事業）にはなかった「大学評価」事業を引き受けることとなった。協議会法第一八条には、「①大学教育と大学行政の発展のため必要な資料を確保し、周期的に大学の学事および運営全般に関する評価を実施しなければならない。②第一項の規定による評価の結果は、遅滞なく教育部長官に提出しなければならない」と規定され、「大学評価」事業は協議会の主要業務となったのである。

以上が、韓国に大学評価が導入されることになった直接的経緯であるが、評価事業が本格化する一九九〇年代前半までの約一〇年間、すなわち大学教育協議会が歩んできた約一〇年間（一九八二〜九三年）は、韓国高等教育界にとって未曾有の高度成長時代であった。その間、学生数は一・七倍増を記録し、四年制大学セクターだけをとっても一〇〇万人を突破した。大学・高等教育機関への進学率は五〇％を超え、まさに高等教育のユニバーサル・アクセス時代が到来したのである。この間、大学・学部の新設はもとより、地方分校（キャンパス）の開設、新構想大学（開放大学）の創設、教育大学および放送通信大学の四年制大学への昇格、専門学校の専門大学（二、三年制短期高等教育機関）への昇格等、機関の多様化と規模拡大へのあらゆる試みが続けられた。

また盧泰愚大統領による「民主化宣言」（一九八七年）を契機に、八〇年代後半から大学の自治権回復がさまざまな形で叫ばれ、教授会構成員による総長（学長）選挙の実施、教授会機能の強化、入学者選抜における大学独自の試験の実施、私立大学の授業料変更に対する規制緩和、教授任期制撤廃等が、立て続けに実施された。このように高等教育規模がマス段階からユニバーサル段階へ突入する中で、大学人の側からさまざまな要求が噴出してきたのである。韓国高等教育界にとって最大の政策課題は、いかに量的拡大をはかりながら質的水準を多様な形で維持・向上させていくかであった。その中核的役割を果たす仕組みとして登場してきたのが「大学評価」事業であったのである。

## 2. 大学評価の種類

### (1) 大学教育協議会による評価事業

韓国大学教育協議会(以下「協議会」)が、加盟大学の「協議と研究」を通じて、政府に政策提言(建議)していくことを主要な任務としていることは、当初一〇年間(一九八二〜九一年)の実績からも明らかである(三六件の建議の相当部分が政府の政策に反映)。協議会の事業は、韓国大学教育協議会法(第三条)に次のように定められていた。

①大学の教育制度と運営に関する研究開発
②大学の学生選抜に関する研究開発
③大学の財政支援策およびその造成法案
④大学の教育課程・教授方法の研究開発と普及
⑤大学の評価(傍線筆者)
⑥大学教員の研修
⑦教育部長官が委託する事業の遂行

⑧その他大学相互間の協同に関する業務

これらの事業を大別すると、⑴研究開発・普及事業、⑵大学評価事業、⑶教職員研修事業、⑷大学間交流事業（国際交流事業を含む）、の四領域である。これらの事業を支える事務組織は、事務総長、専門委員および高等教育研究所長のもとに五部（総務、評価管理、教育資料、政策研究、教育開発）からなり、定員は四五名であった。なお、専門委員のもとに「専門領域別委員会」を必要に応じて設置でき、設置当初から大学評価研究委員会を含む五委員会がおかれていた。

協議会の基本方針は、加盟大学（総長・学長）全体で構成される「総会」と、総会で選出された会長、副会長（三名）、理事（一〇～二〇名）からなる「理事会」により決定される。理事会を構成する役員は、教育部長官の承認を得なければならないことになっていた（協議会法第六条）。なお、協議会の下部組織として、全国八地域に「地域別総長・学長協議会」が設けられ、各地域の大学間協力体制を強化すると同時に、地域の要望を中央（協議会）に反映する仕組みを取っていた。以上にみられるように、協議会の特色は、第一に国公私立の全大学が加盟している連合体であること、第二に教育部と人事・財政面で密接な協力関係にあること、第三に大学評価および高等教育政策提言の機能を有すること、第四に高等教育研究およびその成果普及のセンター的機能を有すること等を挙げることができる。

大学評価事業についてみると、最初の一〇年間は本格的な大学評価体制への移行期間であった。評価事業は、組織体としての大学全体を評価する「機関評価（学部段階・大学院段階）」と専門分野ごとに評価する「学問領域別評価（系列別、プログラム別、学科別）」からなり、いずれの場合も一定のガイドライン（評価項目）にもとづき大学自らが行なう「自体評価（Self Study）」と、専門家が書類審査と現地訪問調査により行なう「外部評価」からなっていた。機関評価は、第一期（一九八二〜八六年）と第二期（一九八八〜九二年）に分けて、ほとんどの四年制大学を対象に実施されてきたが、一九九一年度からは「大学総合評価」に名称変更がなされた。学問領域別評価については、政策的な観点から重点領域に絞って行なわれてきており、学問系列別では人文科学系、社会科学系、工学系、理学系、農林系、師範系、語文系、薬学系、生物系、化学工学系等が、プログラム別では国民倫理と教養教育が、また学科別では法学科、図書館学科、看護学科が評価対象となってきた。

これらの評価事業の特色は、何と言っても加盟各大学の合意にもとづいて実施されている点である。大学自身の自己申請により、大学人のイニシアチブによって、評価は実施されてきた。しかもよりよい評価のあり方を研究開発することを目的に実験的に行なわれてきたのである。評価の目的は、あくまでも大学の教育・研究の水準の向上にあり、大学の序列化（ランキング）が目的ではなかった。したがって評価結果は大学教育協議会の「研究報告書」として刊行されてきた。一九八二年から一九九四年までに刊行された大学評価関連の報告書は七四点に上っている。

## （2）民間機関による大学評価（ランキング）

以上見てきた大学教育協議会による大学評価が本格化しようとしていた矢先の一九九四年一一月、中央日報社（新聞社）が刊行した『全国大学順位』と題する一冊の本が飛ぶように売れ、たちまちのうちにベストセラーとなり版を重ねた。この書は、中央日報社の特別取材チームがアメリカのUSニューズ&ワールド・レポート誌の「大学ランキング特集」や日本の週刊朝日チームによる『大学ランキング』を参考に、三ヶ月にわたって国内の四年制大学のすべてを対象に八領域六一項目にわたって取材し、調査分析を行なった結果にもとづいて各大学の順位づけを行なったものである。編集者はその「まえがき」で、「国内最初の大学評価である」と自信のほどを示している。

これまでにも韓国の大学に「威信の序列」は明らかに存在し、世間もそれを承知していたが、それを公の機関が明示的（数量的）に公表することはなかっただけに、一マスコミの試みとはいえ大きな反響を呼ぶことになった。さらにこの書が世間に衝撃を与えたのは創立一〇年にも満たない浦項工科大学がかなりの項目（例えば教授一人当たり学生数、教授一人当たり研究費、学生一人当たり教育費、学生一人当たり図書購入費、校舎確保率など）で、ソウル大学や高麗大学、延世大学等の有名伝統校を尻目にトップの座を占めたことである。ちなみにこの大学は、浦項製鉄（財閥）がその産業科学技術研究所とともに設立した研究中心の大学であり、韓国のMITを目指すという明確な目的のもとに運営されている大学である。さすがに上場企業社長輩出数となると伝統校（ソウル大、高麗大、延世大等）が上位を独占しているが、SCI（Science Citation Index）掲載論文数では、ソウル大に次いで浦項工大が二位に食い込んでいる。

このように、この大学ランキングは世間の常識を覆す効果を持ったようである。折しも韓国教育開発院の研究チームは、一八歳人口の減少により一〇年後の二〇〇五年には、大学進学希望者が入学定員を下回るという予測結果を発表したのである。このことは、大学は学生が競争して入る時代から、学生や父兄によって選ばれる時代になりつつあることを告げるものであった。まさに「大学間競争」の幕開けの時代に、『全国大学順位』は世に出たことになる。その後、中央日報社は学科別のランキングを発表するなど「大学評価」をセールスポイントに、紙面作りを積極的に行なっている。

## 3. 大学評価の本格実施

### (1)「大学総合評価認定制」の制度設計

韓国大学協議会による大学評価への取り組みの概要については、前述したとおりであるが、協議会による「機関評価」事業の第一期(一九八二〜八六年)が終わった直後の一九八七年、折から発足していた教育改革審議会(大統領諮問委員会)は、進行中の大学評価を「大学評価認定制」に転換するよう建議した。これはそれまで協議会が行なってきた事業をさらに一歩進めて、評価にもとづく「認定制」へ移行するよう勧告したものであった。すなわち一定の水準に達した大学を認定する(accredit)、いわゆるアメリカのアクレディテーション制に近い考え方である。

そこで当時の文教部(一九九〇年一二月より教育部)は、協議会に対し「大学評価認定制実施方案」に関する研究を委託した。協議会は、理事会・総会における意見聴取を皮切りに、大学教育関係者(専門家)協議会、設問調査、公聴会等を実施し、理事会・総会の議決を経て、一九九〇年に実施方案を文教部に提出した。文教部は協議会の研究成果を受けて、一九九二年から「学科評価認定制」を、一九九六年からは従前の機関評価に代わる「総合評価認定制」をスタートさせることを決定したが、一部の大学総長から総合評価認定制については準備期間が必要なため、実施時期を一九九八年以後に延期してもらいたいとの要望が出された。ところがその後、文民政権の誕生（一九九三年二月）を契機に、改革を加速すべきだとの意見が強まり、協議会は一九九三年の総会決議として、大学総合評価認定制の時期については「大学評価認定委員会」にその決定を委ねたのである。

大学評価認定委員会は、協議会の第六一次理事会（一九九三年二月八日）の決議にもとづき、大学評価事業の健全性と客観性を高めるために、協議会に併設された委員会である。大学および各界の代表的識者一六名で構成されるこの委員会は一九九三年四月一日に発足し、同委員会規定第二条により、委員会の運営や評価結果の処理はその独立性が尊重され、他の干渉を受けないような仕組みになっている。なお、大学総合評価認定制の導入時期について、大学評価認定委員会は第二次会議（一九九三年八月二八日）と第三次会議（一九九三年一〇月一五日）において、一九九四年度から七年周期で実施することを決議し、これにもとづき総合評価認定制は一九九四年度から本格実施に移すことが最終決定されたのである。

評価の対象は、大学を全体的に評価する「大学総合評価」と、各学問領域を評価する「学科評価」とからなる。評価の方法は、大学自身が行なう「自体評価（自己評価）」と当該大学外の専門的評価機関（大学評価認定委員会）が行なう「外部評価（他者評価）」を組み合わせたものである。評価の組織は、大学評価認定委員会のもとに事務局（協議会内）がおかれ、評価認定作業の実務を担当する専門職員五、六名が配置されることとなった。

評価は定量的評価と定性的評価を総合して行なわれ、学部段階の場合、六領域（教育、研究、社会奉仕、教授、施設・設備、財政・経営）・一〇〇項目の総点が加算され、五〇〇点満点のうち三二八点（約六六％）を獲得すれば、評価認定委員会から「認定」される仕組みとなっている。大学院の場合も同様に、五領域（教育課程、授業・論文指導、教授、施設・設備、財政・経営）・二〇項目に関して評価され、一〇〇点満点のうち六六・五点以上を取れば「認定」される。特に、定量的評価に関する評価部門・項目および加重値の大枠は次頁の**表11-1**のとおりである。また評価作業は、大学から提出された「自体評価」（日本の「自己評価報告書」に相当）に対する書面審査と評価委員三、四名による大学訪問調査（一〜三日にわたり事務局の専門職員も同行）の両面から行なわれる。

この大学評価は、大学側からの申請（評価計画書の提出等）にもとづき、大学評価認定委員会が評価対象校を選定する形をとっており、「上」から強制的に行なう方式ではない。この制度は、あくまでも大学の自己改革努力を支援することを目的にしているので、上記の基準により「認定」作業を行ない、その結果については、認定大学名は公表するが得点は公表しないこととした。

一九九四年の場合、「大学総合評価」に応募した大学は、ソウル大学、釜山大学、慶北大学、全南大学、全北大学、忠南大学の国立総合大学に浦項工科大学（私立）を加えた七校で、いずれも評判の高い大学であったことも手伝って、すべて「認定」を受けた。一方「学科評価」の方は、生物学系列学科（生

**表11-1 大学総合評価の評価領域・部門別加重値(定量的評価尺度)**

| 〈学部段階〉 | 評価領域 | 評価部門 | 加重値 |
|---|---|---|---|
| | 1. 教 育 | 1-1 教育目的 | 14 |
| | | 1-2 教育課程 | 40 |
| | | 1-3 授 業 | 32 |
| | | 1-4 学 生 | 34 |
| | 2. 研 究 | 2-1 研究実績 | 22 |
| | | 2-2 研究条件 | 22 |
| | | 2-3 研究支援体制 | 26 |
| | 3. 社会奉仕 | 3-1 社会奉仕 | 14 |
| | | 3-2 対外協同 | 16 |
| | 4. 教 授 | 4-1 教授構成 | 32 |
| | | 4-2 授業負担および福祉 | 12 |
| | | 4-3 教授人事 | 20 |
| | | 4-4 教授開発 | 16 |
| | 5. 施設・設備 | 5-1 教育基本施設 | 24 |
| | | 5-2 教育支援施設 | 32 |
| | | 5-3 実験実習設備 | 26 |
| | | 5-4 福利厚生施設 | 18 |
| | 6. 財政・経営 | 6-1 財源確保 | 24 |
| | | 6-2 予算編成および運営 | 26 |
| | | 6-3 企画および評価 | 14 |
| | | 6-4 行政および人事 | 22 |
| | | 6-5 大学の意思決定 | 14 |
| | 合 計 | | 500 |

| 〈大学院段階〉 | 評価部門 | 加重値 |
|---|---|---|
| | 7-1 教育課程 | 20 |
| | 7-2 授業および論文指導 | 36 |
| | 7-3 教 授 | 22 |
| | 7-4 施設および設備 | 12 |
| | 7-5 財政および経営 | 10 |
| | 合 計 | 100 |

物学、微生物学、分子生物学）と化学工学系列学科（化学工学、工業化学）に限定して行なわれ、前者の申請学科は六五学科、後者は三六学科であった。認定された学科は「優秀学科」としてその大学名のみが公表された。生物学系列学科三一学科、化学工学系列学科一六大学が認定を受けた。認定率はいずれの系列でも五〇％に満たなかった。そしてこの場合も、得点の公表は行なわれなかった。大学院評価は学科別（前記二系列）に行なわれ、申請大学院六二学科中、二〇学科が認定され、その大学名（大学院学科）のみが公表された。

表11-2　第一周期「認定」大学（1994～2000年）

| 年度 | 学部＋大学院 | 学部のみ | 大学院のみ |
|---|---|---|---|
| 1994 | 7 | | |
| 1995 | 14 | 9 | |
| 1996 | 9 | 2 | |
| 1997 | 8 | 18 | |
| 1998 | 33 | 20 | 3 |
| 1999 | 13 | 16 | 19 |
| 2000 | 3 | 21 | |
| 合計 | 87 | 86 | 22 |

【出典】参考文献7より作成

## （2）第一周期の実績

韓国の大学評価を主導してきた大学教育協議会によれば、その評価事業は、①定礎期（一九八二～八六年）、②発展期（一九八七～九三年）、③成熟期（一九九四～）を経て今日に至っていると分析している。すなわち一九九四年からスタートした大学総合評価認定制をもって、韓国の大学評価は「成熟期」に達したと自信のほどを示している。その第一周期（一九九四～二〇〇〇年）に認定された大学および大学院の数は、**表11－2**のとおりである。

これらの評価対象校は、大学からの申請によるものとは言え、周到な準備のもとに選定・実施されてきた。まず一九九四年に国立大学からスタートし、一九九五年度から私立大学を加え、特殊目的大学としての教育大学は一九九七年、神学大学は一九九八年、開放大学は一九九九年、そして最終年度（二〇〇〇年）に一九九四〜九六年度に新設された大学を評価するという、無理のないスケジュールで実施されてきた。第一周期に評価対象となった大学は一七三校、（国公立四六校、私立一二七校）、大学院一〇九校に達したのである。そのうち二大学（学部）については「教育環境改善努力の必要」を課した「条件付き認定」、一大学院については学内事情により評価そのものが不能となり「不認定」となったが、その他の申請大学（学部）および大学院はすべて認定されたのである。特に、学部について見ると二〇〇〇年時点の大学数（一九三校）の約九〇％に当たる一七三校が評価を申請し、認定されたことになる。このような実績を背景に第二周期総合評価認定制が二〇〇一年から実施されることになった。なお、第二周期は受審周期が七年から五年（二〇〇一〜〇五年）に短縮された。

### （3）第二周期における評価領域・部門・項目の変化

第一周期の総合評価認定制の最大の目的は、各大学の教育条件および基盤整備を通じ、大学教育の卓越性（エクセレンス）、効率性、責務性（アカウンタビリティ）、自律性、協同性を高め、同時に大学財政を拡充することにあったとされている。韓国の大学・大学院は、先に述べた大学評価の定礎期・発展期（一九八二〜九三年）を通じ、いわゆる「評価文化」の醸成にある程度成功していたため、第一周期の総合評価認定制は、総じて順調に実施されてきたと言える。但し、第一周期（一九九四〜

二〇〇〇年)の評価が進行中に、アジア経済危機(一九九七年)に見舞われるなど、大学を取り巻く社会経済状況は大きく変わった。グローバル化の波は大学を直撃し、大学は国際競争力の強化を内外から求められることとなった。したがって第二周期の大学総合評価認定制の実施に当たって、制度設計の基本部分に変更が加えられることはなかったが、評価領域・部門・項目等においては大幅な変更が加えられることとなった。第二周期の総合評価認定制においては、次の六点が強調されることとなった。

①第一周期の総合評価認定制においては、国内のすべての四年制大学が大学として備えていなければならない「最低限の基準」を充足させることに重点がおかれた。しかし第二周期においては、その質的向上と国際水準の大学教育を追求することに主眼をおく。

②二一世紀の社会的要求に呼応して大学の特性化および差別化戦略を展開しなければならない。そのためには第一周期の総合評価認定制では必ずしも重視されなかった「大学経営および財政」、「発展戦略およびビジョン」を新たな評価領域として設定する。

③他方、評価対象大学の負担軽減をはかるため、評価項目数を学部段階の場合、一〇〇項目から五五項目へと、大幅に縮小する。

④第二周期評価においては、大学院教育の占める重要性に鑑み、少なくとも学部段階と同等な評価体制をとることとする。

⑤大学の特性に応じた評価体制を整える。そのために一般的評価基準のほかに、設置形態(類型)、

規模、学部・学科構成等を考慮した評価基準を別途設定する。

⑥第一周期評価においては、「認定」「不認定」のみ判定し、六評価領域の点数が九〇％以上の大学を「領域別優秀大学」として公表してきたが、第二周期の評価においては大学全体および各評価領域を等級化して、すべて公表する。

以上の基本方針にしたがって作成された評価項目を第一周期と比較したのが表11－3である。まず学部段階の評価領域および評価部門について見ると、第一に大学の経営戦略およびその長期的ビジョン（第一領域および第二領域）に重点をおいていることが特色となっている。それぞれの評価領域における加重値として六〇（第一領域）、五〇（第二領域）が与えられえており、両者を合わせると全体（五〇〇）の二二％を占めている。第二に、第一周期時の「1．教育」、「2．研究」、「3．社会奉仕」の三領域を、第二周期においては「3．教育および社会奉仕」、「4．研究および産学連協同」に統合整理している。もともと「社会奉仕」領域の評価部門項目であった学生の社会奉仕活動と大学の対外協同活動を、それぞれ「教育」と「研究」領域の中に組み込んで包括的に評価することにした。この両領域に与えられた加重値は従前の三領域と同じく合計二二〇（全体の四四％）であった。第三の特徴は、第一周期時の「4．教授」領域を大幅に改変し、大学を構成する学生・教授・職員の三者からなる評価領域・部門を構成した点である。とりわけ注目されるのは、職員の専門性を評価対象とした点である。

第四の特徴として注目されるのは、大学院に対する評価を厳格にした点であろう。第一周期の評

## 表11-3　第一周期および第二周期の各「評価部門」の「評価項目」比較表

1. 学部課程　(　) 内は加重値

| 第1周期 (1994 ～ 2000) | | 第2周期 (2001 ～ 2005) | |
|---|---|---|---|
| 評価領域 | 評価部門 | 評価領域 | 評価部門 |
| 1. 教育 (120) | 1.1 教育目的<br>1.2 教育課程<br>1.3 授業<br>1.4 学生 | 1. 大学経営および財政 (60) | 1.1 経営戦略および運営<br>1.2 大学の特性化<br>1.3 大学財政<br>1.4 第1周期大学評価結果反映 |
| 2. 研究 (65) | 2.1 研究実績<br>2.2 研究条件<br>2.3 研究支援体制 | 2. 発展戦略およびビジョン (50) | 2.1 長期目標およびビジョン<br>2.2 発展戦略<br>2.3 実行計画 |
| 3. 社会奉仕 (35) | 3.1 社会奉仕<br>3.2 対外協同 | 3. 教育および社会奉仕 (120) | 3.1 教育目的<br>3.2 教育課程および方法<br>3.3 学事管理<br>3.4 社会奉仕 |
| 4. 教授 (80) | 4.1 教授構成<br>4.2 授業負担および福祉<br>4.3 教授開発 | 4. 研究および産学連協同 (100) | 4.1 研究実績<br>4.2 研究条件<br>4.3 産学連協同 |
| 5. 施設・設備 (100) | 5.1 教育基本施設<br>5.2 教育支援施設<br>5.3 実験実習施設<br>5.4 福利厚生施設 | 5. 学生および教授・職員 (90) | 5.1 学生<br>5.2 教授<br>5.3 職員 |
| 6. 財政・経営 (100) | 6.1 財源確保<br>6.2 予算編成および運営<br>6.3 企画および評価<br>6.4 行政および人事<br>6.5 大学の意思決定 | 6. 教育条件および支援体制 (80) | 6.1 学生支援体制<br>6.2 教育支援体制<br>6.3 研究支援体制<br>6.4 情報支援体制 |

価において大学院は、学部段階の評価の一部（第七評価領域：大学院）として位置づけられていたにすぎず、加重値も一〇〇しか与えられていなかった。評価部門も五部門（7・1 教育課程、7・2 授業および論文指導、7・3 教授、7・4 施設・設備、7・5 財政・経営）に関する簡単なものにすぎなかった。ところが、第二周期においては、学部段階から独立した評価対象となり、在学生が二五〇人以上のA類型大学院とそれ以下の小規模大学院（B類型）に区別して、きめ細かな評価体制をとり、評価領域および評価部門も学部段階と同等なものとした。加重値も第一周期の一〇〇か

2. 大学院課程

| 第1周期（1994～2000）<br>＊学部と一体的に評価 | | 第2周期（2001～2005）<br>＊大学院として独立して評価（A類型） | |
|---|---|---|---|
| 評価領域 | 評価部門 | 評価領域 | 評価部門 |
| 7. 大学院（100） | 7.1 教育課程（20）<br>7.2 授業および論文指導（36）<br>7.3 教授（22）<br>7.4 施設・設備（12）<br>7.5 財政・経営（10） | 1. 発展戦略およびビジョン（60） | 1.1 長期目標および発展戦略<br>1.2 経営戦略および推進実績<br>1.3 大学院特性化<br>1.4 大学院財政<br>1.5 第1周期大学評価結果反映 |
| | | 2. 教育（50） | 2.1 教育目的<br>2.2 教育課程および方法 |
| | | 3. 学事および論文指導（120） | 3.1 学生選抜<br>3.2 授業および学事管理<br>3.3 研究参与および論文指導 |
| | | 4. 研究（100） | 4.1 研究実績<br>4.2 研究時実績 |
| | | 5. 大学院生および教授・職員（90） | 5.1 大学院生<br>5.2 教授<br>5.3 職員 |
| | | 6. 教育条件および支援体制（80） | 6.1 学生支援体制<br>6.2 教育支援体制<br>6.3 研究支援体制<br>6.4 情報支援体制 |
| | | 加重値合計（300） | ＊A類型とは、大学院生250人以上の大学院 |

ら三〇〇に引き上げ、きめ細かな評価による質的向上を通して国際水準の大学院を目指すことに戦略を定めたのである。

第二周期評価を特色づける第五の観点として、大学間競争の喚起を挙げることができよう。第二周期においても、いわゆる得点ランキング表示（公開）はしない原則は貫かれたが、一〇〇点満点の九五・〇点以上の大学を「最優秀大学」、九〇・〇～九五・〇点の大学を「優秀大学」、七〇・〇点以上の大学を「認定大学」とする三段階で表示（公表）を行なうこととなった。また、評価領域ごとに「最優秀大学」「優秀大学」が公表され、最優秀大学についてのみランク付けられることとなったのである。

ちなみに第二周期評価の終盤に当たる二〇〇四年度の大学総合評価には、学部段階で四〇大学、大学院段階では（A類型の二七大学院）が申請したが、すべての大学・大学院が「認定」された。そのうち学部段階の総合評価において「最優秀大学」として公表されたのは四大学（梨花女子大、仁荷大、漢陽大ソウルキャンパス、漢陽大安山キャンパス）で、優秀大学は一四校、認定大学は二二校であった。また大学院（A類型）の場合、「最優秀大学院」は二大学院（梨花女子大、漢陽大）で、優秀大学院は一二大学院で、認定大学院は一三大学院であった。また評価項目別の「最優秀大学」「優秀大学」およびそのランキング（順位）が公表された。例えば、学部段階における「1．大学経営および財政」領域の「最優秀大学」の順位は、①仁荷大、②カトリック大、③漢陽大（安山キャンパス）、④延世大（原州キャンパス）の四大学であった。また、大学院の「1．大学経営および財政」領域の「最優秀大学」は、①西江大、②仁荷大の二大学院であった。

## （4）第三周期への課題

大学教育協議会の研究チームは、第三周期の総合評価認定制に向け、全国の大学関係者（大学総長、教職員、評価専門家等）に対し、今後もっとも重点をおいて評価すべき項目（三択方式）に関し、質問紙調査を行なっている。その結果は**表11－4**のとおりである。

調査結果によれば、大学関係者が今後重視すべきと考えている項目としては、「大学の特性化誘導」

**表11-4 質問紙調査の結果**

| 重視する項目（区分） | 回答数 | % |
|---|---|---|
| ○ 大学の特性化誘導 | 640 | 17.7 |
| ○ 大学の自律性伸張 | 557 | 15.4 |
| ○ 大学の教育条件改善 | 511 | 14.1 |
| ○ 大学教育に対する学生満足度の向上 | 406 | 11.2 |
| ○ 大学の国際的競争力の強化 | 340 | 9.4 |
| ○ 大学の研究能力向上 | 301 | 8.3 |
| ○ 大学の経営と財政状態 | 278 | 7.7 |
| ○ 大学間協力及び産学協同の強化 | 185 | 5.1 |
| ○ 大学の社会的責務性及び信頼性の向上 | 159 | 4.4 |
| ○ 大学の秀越性追及 | 148 | 4.1 |
| ○ 学生福祉と奨学支援 | 90 | 2.5 |
| ○ その他 | 7 | 0.2 |
| 合　計 | 3,622 | 100.0 |

【出典】参考文献9より作成

（一七・七％）、「大学の自律性伸張」（一五・四％）、「大学の教育条件改善」（一四・一％）、「大学教育に対する学生満足度の向上」（一一・二％）等の項目が高い比率を占めている。調査チームは、これらの結果から、第三周期の総合評価においては、これら四項目に重点をおいた評価を実施することを通じ、教育の質的充実をはかり、国際競争力のある大学の構築を目的にすべきと提言している。

但しこれら四項目に関しても、調査結果からは特に重点をおくべき観点とそうでない観点のあることが、伺うことができる。「大学の特性化」に関して高い比率を示している観点は、「（個別）大学の特性にしたがって評価領域と基準は異なっていなければならない」（四九・四％）、「地域別、規模別、設立形態別に評価基準は異なっていなければならない」（三五・六％）であり、重視されていない観点は「特性化に対し加重値を強くかけるべきだ」

## 表11-5　第3周期大学総合評価の評価領域および項目構成（案）

| 評価区分 | 評価領域 | 評価内容 | 備　考 |
|---|---|---|---|
| 1.　共通分野 | 1.1教育条件 | ○教育実績<br>○教育および実験機材<br>○情報化支援 | ＊すべての大学に共通して適用し、評価する項目構成<br><br>＊大学間比較が可能な評価項目 |
| | 1.2大学財政 | ○財政確保<br>○予算執行<br>○監査制度 | |
| | 1.3大学運営 | ○大学運営の自律化<br>○意思決定の民主化<br>○人事運営の公正性 | |
| | 1.4学事管理 | ○教授確保<br>○職員構成<br>○授業管理 | |
| 2.　選択分野 | 2.1教育活動 | ○教育課程編成の適切性<br>○教授方法改善努力<br>○学習評価方法の妥当性<br>○学生の教育満足度 | ＊大学類型により選択することができるよう、１～３の類型を開発（例：研究中心大学、教育中心大学、産学中心大学）<br><br>＊類型により加重値を付与して差等化 |
| | 2.2産学協同 | ○現場中心の教育<br>○産学共同の実績<br>○大学間交流および協力 | |
| | 2.3研究活動 | ○教授研究実績<br>○研究条件<br>○研究支援体制 | |
| 3.　特性化分野 | 3.1教育目的 | ○教育目的の妥当性<br>○教育目的の特性化 | ＊大学別特性化戦略および実績評価に重点をおく<br><br>＊国際的評価基準を適用する |
| | 3.2発展戦略 | ○大学の特性と発展戦略<br>○大学の国際的ビジョン | |
| | 3.3特性化実績 | ○大学特性化実績<br>○特性化領域の国際的秀越性 | |

【出典】参考文献9より作成

（八・四％）、「評価結果により大学間連合や統廃合を可能にしなければならない」（六・四％）であり、大学の多様性を保証する評価を大学関係者は望んでいることが明らかである。このことは「大学の自律性伸張」の項目に関しても同様であり、「現状よりも自律性伸張を強化すべき」（五七・四％）の比率が高く、「現状維持」（三四・一％）、「自律性は弱化すべき」(八・五%)となっており、大学の自律性が保証されるような評価を望んでいることを示している。

こうした調査結果をふまえ、調査チームは第三周期大学総合評価においては、①共通分野、②選択分野、③特性化分野の三分野で構成される評価領域および評価内容(項目)を考案したのである(**表11-5**)。ここに示された評価領域および評価内容(項目)案は、第一周期および第二周期のそれに比べ、簡素化されていると同時に特性化されたものとなっているといえる。一九九四年に始まった総合評価認定制の実績の上にたち、改良を重ねて、韓国の大学評価はさらなる進化を遂げ、教育の質保証を核に大学改革に大きなインパクトを与えることが期待されたのである。

以上見てきたように、大学教育協議会(評価部門)が主導する韓国の大学評価は、大学連合体が主体となっているという意味において、アメリカのアクレディテーション(適格認定)にきわめて近い性格の大学の質保証システムとして発展してきたといえる。ところがこのような評価のあり方に対しては、盧武鉉政権誕生(二〇〇四年)に前後して、各界から批判的な考えが表明されてきた。例えば、教育人的資源部の委託研究として行なわれた金信福等による報告書(二〇〇五年)によれば、次のような問題点が指摘されている。

①多様な評価機関(大学教育協議会、教育人的資源部、韓国学術振興財団、韓国教育研究院、学問分野別評価機関等)で実施している評価間の連携が不足している。

②評価機関の評価資料にかかわる資料および評価結果が共有されていない。データベースの構築

もできていない。
③学問分野別評価に関する体系的質管理が不足している。
④評価機関の専門性が不足している。
⑤評価項目の適合性が不十分である。
⑥国際基準による評価になっていない。
⑦高等教育評価に関する基本法が制定されていない。

こうした批判の背景には、国家競争力に資する国主導の一元的な大学評価体制を構築し、評価結果を財政支援に明確にリンクさせようとする政策意図が存在していたことは明確である。二〇〇五年に政府提案として国会に提出された「韓国高等教育評価院に関する法律案」（教育人的資源部公告第二〇〇五‐四三号）によれば、新たに設立される評価院は、①高等教育評価、②学問分野別評価を担当する評価専門機関の指定、③高等教育評価関連資料開発とデータベースの構築、④高等教育評価に関する調査研究および出版・広報事業、国内外高等教育評価機関との協力事業等を主要な事業内容とすることになっている。評価院には、役員として院長（一名）をおき、理事長（一名）を含む一二名の理事および監事（一名）をおく体制をとり、政府の出資金および手数料収入などによって運営されることになっている。この内容を見る限り、これまで四半世紀以上にわたり韓国の大学評価を主導してきた大学教育協議会による評価体制に取って代わる新たな高等教育評価機関を設置することを目的としていることは明らかである。

しかしながらこのような構想のもとに提出された法案は、①大学関係者の反発、②韓国大学教育協議会の抵抗、③与野党の政治的思惑等が錯綜する中で、廃案に追い込まれた。政府は二〇〇七年にも再び同様の法案を国会に提出したが、同様の理由で廃案になった。

## 4. 新段階を迎える韓国の大学評価制度

このような状況の中で政府は、高等教育法を改正（二〇〇七年一〇月）することにより、高等教育評価院構想とは異なる新しい大学評価制度を二〇〇九年を機に導入することにしたのである。そのねらいと問題点を整理すると次のとおりである。

### (1)「自己点検・評価報告書」の作成・公表の義務化

新制度においては、いわゆる韓国大学教育協議会による「認定」行為を廃止し、各大学にその改革戦略目標にそった「自己点検・評価報告書」（形式自由）を二年に一度作成し、公表することのみを義務づけ、第三者評価機関（「認定機関」）で評価を受けるか否かは任意とした。このような制度の導入をはかった政府関係者の意図を総合すると、①これまでのようにすべての大学が画一的な評価基準にもとづき評価され、ほとんどの大学が「認定」される協議会方式による評価の役割は終わった、②いま大学に求められているのは、各大学が自らのミッション（研究型大学、教育型大学、産業型大学等）

にもとづいて評価目標・基準を設定し、自律的で特色ある「自己点検・評価」体制を構築することであり、第三者評価機関による「認定」は多元的であるべきである、との認識にもとづくもののようである。なお、第三者評価機関としての「認定機関」は、政府の委員会が認証し、各大学は自由に申請して機関別および学問分野別の「認定」をうけることは自由とされたのである。

各大学の評価担当者も、協議会方式に一定の限界を感じていたようであり、新制度をおおむね好意的に受け止めているようである。特に協議会の「認定」方式に飽き足らない上位圏の大学は、第二周期（二〇〇〇~二〇〇五）以後、すでに各大学独自の「評価体制」を別途に構築していたところが多く、新制度を歓迎する向きが多いようである。

## (2)「大学情報公示制」のねらい

もう一つの改革の柱は五五項目からなる「大学情報公示制」（章末【資料】参照）の義務化であるが、政府関係者は需要者（両親・学生・産業界等）に対する大学の社会的責任として、その「情報公開」をねらいとするものであり、大学評価とは一線を画すものであると説明している。しかしながら、ウェブサイト（www.academyinfo.go.kr: 韓国語）上に公開されている各大学の五五項目からなる大学情報は、各大学の「評価」そのものとも言える。それだけに各大学の評価担当者も、情報の作成・管理・提出には万全の体制で臨んでいるようである。このサイトに掲載されている膨大な情報が、政府が意図しているように両親・学生の大学選択や企業の学生採用に有効に使われるのか、あるいはその意に反して大学の序列化や各種の資金配分に使われることになるのか、その帰趨はいまのところ明らかではない。

こうみてくると、新段階を迎えた韓国の大学評価は、大学の自律性や社会的責任を前面に出してはいるが、政府主導で進められていることは紛れもない事実である。第三者評価機関（機関評価、学問分野別評価）を認証する委員会が政府主導で運営されていることからもそのことは明らかである。さらに重要なことは、政府が大学に対し行財政支援を行なう場合、各大学の自己点検・評価報告書および第三者「認定機関」による認定結果を活用できることを、改正高等教育法に明記したことである。このような政府主導の改革が、大学の質保証をより確かなものとすることになるのか、逆に大学の自律性を損ない大学間格差を拡大することになるのか、今後の動向が注目されるところである。

**【資料】大学情報公示制55項目（二〇〇九年度）**

| 〈情報公示項目〉 | 〈情報公示内容〉 |
|---|---|
| 1. 学校規則等学校運営に関する規定 | ① 学校規則<br>② 学校規則外の学校運営に関する各種規定 |
| 2. 教育課程編制および運営などに関する事項 | ① 教育課程編制および評価基準<br>② 成績評価結果（成績評価分布） |

3. 学生選抜方法および日程に関する事項
4. 充足率、在学生数等学生現況に関する事項
5. 卒業後進学および就職現況等学生進路に関する事項
6. 専任教員の現況に関する事項
7. 専任教員の研究成果に関する事項

① 大学入学（編入学）選考施行計画
② 募集要項（編入学を含む）
① 入学選考類型別の選抜結果
② 機会均等選抜結果＊
③ 新入生充足状況
④ 学生充足状況（編入学含む）
⑤ 在籍学生の現況
⑥ 外国人学生の現況
⑦ 中途脱落学生の現況
⑧ 学士学位専攻深化課程学生現況＊＊
① 卒業生現況
② 卒業生の進学現況
③ 卒業生の就業現況
① 全体の教員に占める専任教員の現況
② 専任教員一人当たり学生数
③ 専任教員確保率
④ 企業経歴のある専任教員の現況
⑤ 外国人専任教員の現況
① 国内外学術誌掲載論文実績

② 著書・訳書実績

8. 予算・決算内訳等学校および学校法人の会計に関する事項

① 一般会計予算・決算現況
② 期成会計予算＊＊＊・決算現況
③ 発展基金予算・決算現況
④ 予算・決算（合算債務諸表）現況
⑤ 法人会計予算・決算現況
⑥ 校費会計予算・決算現況
⑦ 積立金現況
⑧ 寄付金現況
⑨ 産学協力団会計現況
⑩ 登録金（授業料）現況

9. 「高等教育法」第六〇条から第六二条までの指定命令に関する事項

① 違反内容および措置結果

10. 学校発展計画および特性化計画

① 学校発展計画および特性化計画

11. 教員の研究・学生に対する教育および産学協力現況

① 研究費授与実績
② 教員講義担当現況
③ 奨学金授与現況
④ 外国大学との交流現況

⑤ 産業体連携教育課程開発現況
⑥ 技術移転収入料および契約実績
⑦ 特許出願および登録実績

12. 図書館および研究に対する支援現況

① 蔵書保有現況
② 図書館予算現況
③ 研究実績現況

13. その他の教育条件および教育運営状態等に関する事項

① 定款
② 法人の役員現況
③ 校地確保現況
④ 校舎施設確保現況
⑤ 寄宿舎収容現況
⑥ 収益用基本財産確保現況
⑦ 職員現況
⑧ 財政支援事業収益実績
⑨ 「高等教育法」第一一条の2に関する大学評価結果

* 農漁村地区の学生を対象とする特別選考枠
** 学士課程修了後の専攻科
*** 登録金とは別カテゴリーの納付金（現在は廃止している大学も多く、実施している場合も小額となっている）

**【参考文献】**

1 韓国大学教育協議会『韓国大学教育協議会十年史』(一九九二)、四五四‐四六五頁。
2 中央日報社『全国大学順位』一九九四年、三六七頁(韓国語)。
3 馬越徹「多様化する大学評価――水準維持・向上から競争力強化へ」、『IDE：現代の高等教育』四二五号、二〇〇一年一月、六六‐七一頁。
4 韓国教育開発院『高等教育需給体制の変化と対応方案研究』一九九四年(韓国語)。
5 韓国大学教育協議会『一九九四年度大学総合評価認定制施行のための大学総合評価一覧』(資料九四‐二一二号)、一九九四年、一一‐二二頁(韓国語)。
6 教育改革委員会(大統領諮問)『世界化・情報化時代を主導する新教育体制樹立のための教育改革方案』一九九五年、四〇‐四一頁(韓国語)。
7 韓国大学教育協議会『韓国大学教育協議会二〇年史』二〇〇二年、一三三‐一四五頁(韓国語)。
8 韓国大学教育協議会『二〇〇四年度大学総合評価認定制のための第二周期大学総合評価報告書』二〇〇四年、二〇‐二二頁(韓国語)。
9 韓国大学教育協議会『第三周期大学総合評価認定制のパラダイム探索：目的と報告』二〇〇四年、四〇頁(韓国語)。
10 金信福他『高等教育評価専担機関設立方案研究』二〇〇五年(韓国語)。
11 馬越徹「新段階迎える韓国の大学評価」、『教育学術新聞』二〇〇九年七月二二日。
12 財団法人日本高等教育評価機構『認証評価に関する評価研究』二〇〇九年。

# 付　録

**【付録 -1】韓国学校系統図**（2009年現在）

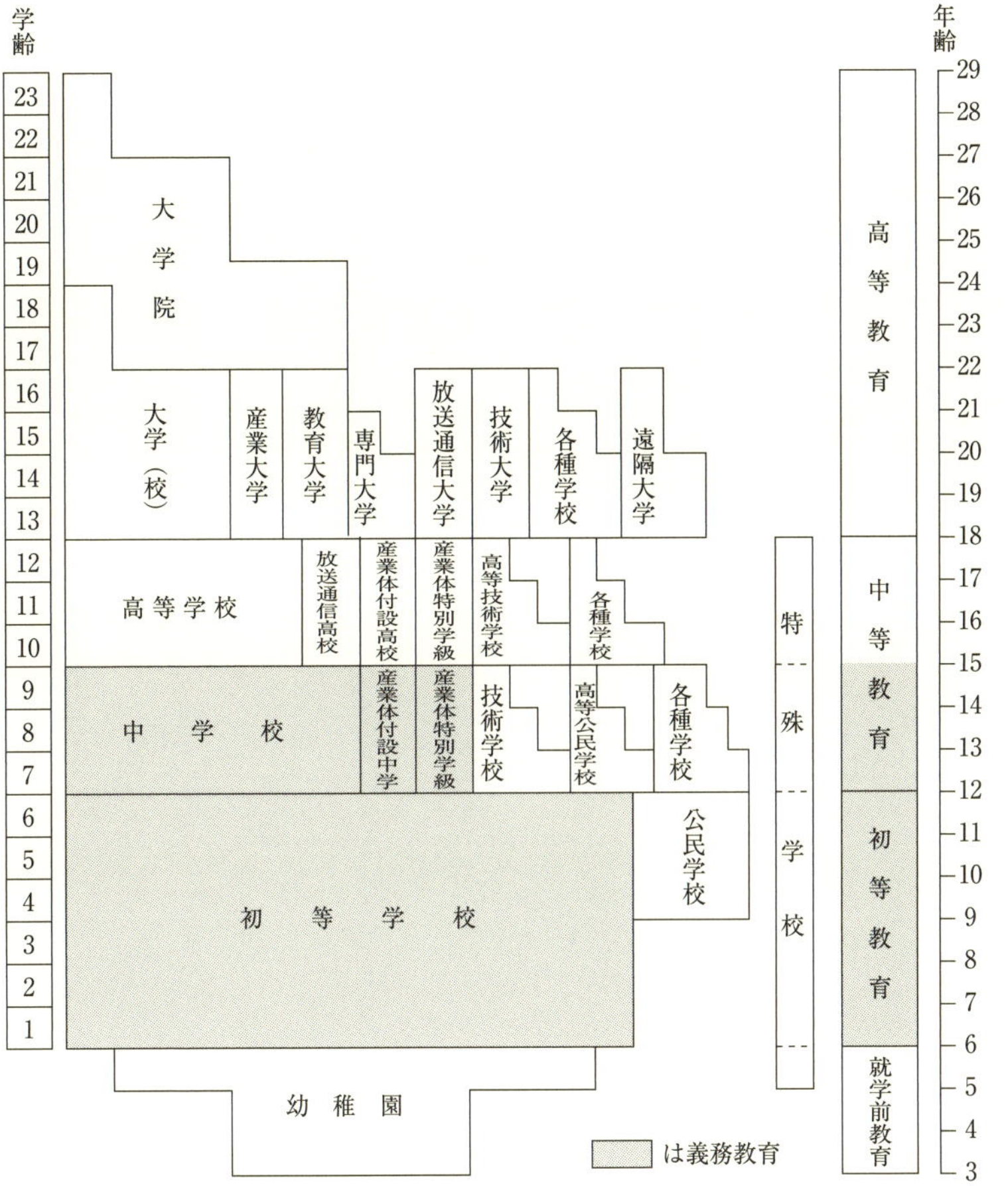

## 【付録－2】高等教育法（一九九七年一二月一三日、法律第五四三九号）

一五次改正（二〇〇九年一月三〇日、法律第九三五六号）
出典：『二〇〇九年改正版　教育法典』教学社

### 第一章　総則

第一条（目的）　この法律は教育基本法第九条の規定により、高等教育に関する事項を定めることを目的とする。

第二条（学校の種類）　高等教育を実施するために、次の各号の学校をおく。

1. 大学
2. 産業大学
3. 教育大学
4. 専門大学
5. 放送大学・通信大学および放送通信大学およびサイバー大学（以下「遠隔大学」と称する）
6. 技術大学
7. 各種学校

第三条（国・公・私立学校の区分）　第二条各号の学校（以下「学校」とする）は、国家が設立・経営する国立学校、地方自治団体が設立・経営する公立学校（設置主体により市立学校・道立学校に区分することができる）、学校法人が設立・運営する私立学校に区分する。

第四条（学校の設立）　①学校を設立しようとする者は、施設・設備等、大統領令で定める設立基準を備えていなければならない。
②国家以外の者が学校を設立しようとする場合には、教育科学技術部長官の認可を受けなければならない。
③公・私立学校の設立・経営者は、学校を廃止したり、大統領令で定める重要事項を変更しようとする場合には、教育科学技術部長官の認可を受けなければならない。
第五条（指導・監督）　①学校は教育科学技術部長官の指導・監督を受ける。
②教育科学技術部長官は、学校に対する指導・監督のために必要な場合には、学校長に対して大統領令が定めるところにより、関連資料の提出を要求することができる。
第六条（学校規則）　①学校の長（学校を設立する場合には、当該学校を設立しようとする者のことを言う）は、法令の範囲内で学校規則（以下「学則」と称する）を制定または改正することができる。
②学校の長が第一項の規定により学則を制定したり、学事運営、学生の身分変更、学内機構の設置および運営等に関する事項中、大統領令が定める重要な事項を改正する際には、一四日以内に教育科学技術部長官に報告しなければならない。
③学則の記載事項、制定および改正手続、報告等に関し必要な事項は大統領令で定める。
第七条（教育財政）①国家および地方自治団体は、学校がその目的を達成するのに必要な財源を支援・補助することができる。
②学校は教育科学技術部長官が定めるところにより、予算および決算を公開しなければならない。
第八条（実験実習費等の支給）　国家は学術・学問研究の振興と教育の研究を助長するために実験実習費、

研究助成費、または奨学金の支給その他必要な措置を講じなければならない。

第九条（学校間の相互協助の支援） 国家および地方自治団体は、学校相互間の教員交流と研究交流の活性化のために支援しなければならない。

第一〇条（学校協議体） ①大学・産業大学・教育大学・専門大学および放送・通信大学等は高等教育の発展のために、各学校の代表者で構成する協議体を運営することができる。
②第一項の規定による協議体の組織および運営に関しては別途法律で定める。
第一一条（授業料等） ①学校の設立・経営者は授業料とその他納付金を受け取ることができる。
②授業料その他納付金の徴収等に関して必要な事項は教育科学技術部令で定める。
第一一条の2（評価） ①学校は教育科学技術部令で定めるところにより、該当機関の教育・研究、組織・運営、施設・設備等に関する事項を、自ら点検・評価し、その結果を公示しなければならない。〈改正二〇〇八年二月二九日〉
②教育科学技術部長官より認定を受けた機関（以下、本条では「認定機関」と称す）は、大学の申請により大学運営の全般と教育課程（学部・学科・専攻等を含む）の運営を評価または認定することができる。〈改正二〇〇八年二月二九日〉
③教育科学技術部長官は関連する評価専門機関、第一〇条にもとづく学校協議体、学術振興を目的とする機関や団体等を、認定機関として指定することができる。〈改正二〇〇八年二月二九日〉
④政府が大学に行政的・財政的支援をしようとする場合には、第二項にもとづく評価または認証結果を活用することができる。
⑤第二項の評価または認証、第二項の認定機関の指定と第四項の評価または認証結果の活用に必要な

事項は大統領令により定める。〈新設二〇〇七年一〇月一七日〉

## 第二章 学生と教職員

### 第一節 学生

第一二条（学生自治活動） 学生の自治活動は奨励・保護され、その組織および運営に関する基本的事項は学則で定める。

第一三条（学生の懲戒） ①学校の長は、教育上必要な時には、法令と学則が定めるところにより学生を懲戒することができる。

②学校の長は、学生を懲戒しようとする場合には、当該学生に意見陳述の機会を付与する等、適正な手続きを経なければならない。

### 第二節 教職員

第一四条（教職員の区分） ①学校には学校の長として、総長または学長をおく。〈改正二〇〇九年一月三〇日〉

②学校におく教員は、第一項の規定による総長および学長以外に教授・副教授・助教授および専任講師に区分する。

③学校には学校運営に必要な行政職員等の職員と助教をおく。

④各種学校には第一項ないし第三項の規定に準じて必要な教員、職員および助教（以下「教職員」とす

る）をおく。

第一五条（教職員の任務）①総長または学長は校務を統括し、所属職員を監督し、学生を指導する。
②教員は学生を教育・指導し学問を研究するが、学問研究のみを担当することができる。
③行政職員等の職員は、学校の行政事務とその他の事務を担当する。
④助教は教育・研究および学事に関する事務を補助する。
第一六条（教員・助教の資格基準等）教員および助教になることができる者の資格基準および資格認定に関する事項は、大統領令により定める。

第一七条（兼任教員等）学校には大統領令が定めるところにより、第一四条第二項の教員以外に、兼任教員・名誉教授・時間講師等をおき、教育または研究を担当させることができる。

## 第三章　学校

### 第一節　通則

第一八条（学校の名称）①学校の名称は国立学校の場合は大統領令で定め、公立学校の場合は当該地方自治団体の条例で定め、私立学校の場合は当該学校法人の定款で定める。
②第一項の規定による名称を定める際、当該学校設立目的の特性を表わすために、大統領令が定める範囲内で第二条の規定による学校の種類とは異なる名称を使用することができる。
第一九条（学校の組織）①学校はその設立目的を達成するために、大統領令が定める範囲内で必要な組織を備えなければならない。

②学校の組織に関する基本事項は、国立学校の場合は大統領令および学則で定め、公立学校の場合は当該地方自治団体の条例および学則で定め、私立学校の場合は当該学校法人の定款および学則で定める。

第二〇条（学年度等）①学校の学年度は三月一日から翌年の二月末日までとする。但し、サイバー大学の学年度は九月一日から翌年の八月末日までとすることができる。〈改正二〇〇七年一〇月一七日〉

②学期・授業日数および休業日などに関して必要な事項は大統領令が定める範囲内で学則により定める。

第二一条（教育課程の運営）①学校は学則が定めるところにより、教育課程を運営しなければならない。但し、外国の大学と共同で運営する教育課程に関しては、大統領令で定める。

②教科の履修は評点および単位制（訳注：原文は「学点制」、以下同様）によるが、単位当たり必要な履修時間等は大統領令で定める。〈改正一九九九年八月三一日〉

第二二条（授業等）①学校の授業は学則が定めるところにより、昼間授業・夜間授業・季節授業・放送・通信による授業および現場実習授業等の範囲により行なうことができる。

②学校は学生の現場適応力を高めるために必要な場合、学則が定めるところにより実習学期制を運営することができる。

第二三条（単位の認定等）①学校は学生が次の各号のどれか一つに該当する場合（該当学校に入学前の場合も含む）、学則が定めるところにより、これを当該学校で取得した単位として認定することができる。〈改正二〇〇八年二月二九日〉

1．国内・外の別の学校で取得した場合〈改正二〇〇七年七月一三日〉

2．「兵役法」による徴集、召集又は志願により入営または服務中の者（以下「入営または服務中の者」と称する）が、該当機関で提供する教育・訓練課程中「単位認定等に関する法律」第三条の規定により評価認定された課程を履修し取得した単位

3．国内・外の高等学校と国内の第二条にもとづく各号の学校（別の法律により設立された高等教育機関を含む）において、大学教育課程に相当する教科目を履修した場合〈新設二〇〇七年七月一三日〉

②学校は入営または服務中の者に対して「兵役法」第七三条第二項の規定により、休学中の単位取得のための登録を許容する場合、大統領令が定める範囲内で学則が定めるところにより、取得することのできる単位の上限を定めることができる。

第二三条の二（編入学）　学校は次の各号の一に該当する単位を、学則が定める基準以上取得した者に対しては、学則が定めるところにより編入生として選抜することができる。

1．国内・外の別の学校で取得した単位

2．「単位認定等に関する法律」により取得した単位〈改正二〇〇五年一一月二二日〉

3．「生涯教育法」（原語は「平生教育法」）により取得した単位〈改正二〇〇五年一一月二二日〉

第二四条（分校）　学校の設立・経営者は、大統領令が定めるところにより、教育人的資源部長官の認可を得て、国内・外に分校を設置することができる。〈改正二〇〇一年一月二九日〉

第二五条（研究施設等）　学校には研究所等、その設立目的を達成するための施設を付設することができる。

第二六条（公開講座）　学校は学則が定めるところにより、学生以外の者を対象とする公開講座をおくことができる。

第二七条（外国博士学位の申告）　外国で博士学位を取得した者は、大統領令が定めるところにより、教育科学技術部長官に申告しなければならない。〈改正二〇〇八年三月二八日〉

②教育科学技術部長官は外国学校の博士学位課程設置現況、学位課程に対する該当国家の認証の可否等、外国学校の学位課程に対する情報システムを構築しなければならない。〈新設　二〇〇八年三月二八日〉

第二節　大学および産業大学

第一款　大学

第二八条（目的）　大学は人格を陶冶し、国家と人類社会の発展に必要な学術の深奥な理論とその応用方法を教授・研究し、国家と人類社会に貢献することを目的とする。

第二九条（大学院）　大学（産業大学・教育大学および遠隔大学を含む。以下本条と同じ。）に大学院をおくことができる。但し、サイバー大学は教育条件および教育課程の運営に対する評価等、大統領令で定める基準を充足する場合に限る。〈改正二〇〇七年一〇月一七日〉

②大学院に学位課程以外に必要に応じて学位を授与しない研究課程をおくことができる。

③大学におく大学院の種類、学位種類、研究課程およびその運営に関して必要な事項は大統領令により定める。〈改正二〇〇七年七月二七日〉

第二九条の２（大学院の種類）　①大学院はその主とする教育目的により、次の各号のとおり区分する。

1．一般大学院：学問の基礎理論と高度の学術研究を主たる教育目的とする大学院

2．専門大学院：専門職業分野の人材養成に必要な実践的理論と研究開発を主たる教育目的とする大

学院
3．特殊大学院：職業人または一般成人のための継続教育を主たる教育目的とする大学院
②大学（大学院大学を除外する）には、一般大学院・専門大学院または特殊大学院をおくことができ、産業大学および教育大学には専門大学院または特殊大学院をおくことができ、産業大学および教育大学には専門大学院または特殊大学院をおくことができ、放送・通信大学には特殊大学院をおくことができ、大学院大学には専門大学院および特殊大学院のうちいずれか一つの大学院をおくことができる。
③第一項の専門大学院中、法科専門大学院の設置・運営に関する事項は、別途法律で定める。〈条新設二〇〇七年七月一三日〉
第三〇条（大学院大学）　特定の分野の専門人材を養成するために必要な場合には、第二九条第一項の規定にかかわらず、大学院のみをおく大学（以下「大学院大学」とする）を設立することができる。

第三一条（授業年限）　①大学（大学院大学を除外する）の授業年限は四年ないし六年とする。但し、授業年限を六年とする場合は、大統領令で定める。
②大学院の授業年限は次の各号とする。
1．碩士学位課程（訳注：修士学位課程に相当、以下同様）および博士学位課程：おのおの二年以上
2．碩士課程および博士課程の課程が統合された課程：四年以上
③学則が定める単位を超過して取得した者に対しては、第一項および第二項の規定にかかわらず、大統領令の定めるところにより、第一項および第二項の規定による授業年限を短縮することができる。
第三二条（学生の定員）　大学（産業大学・教育大学・専門大学・遠隔大学・技術大学および各種学校を含む）

の学生定員に関する事項は、大統領令が定める範囲内で学則で定める。

第三三条（入学資格）①大学（産業大学・教育大学・専門大学および遠隔大学を含み、大学院大学を除外する）に入学することができる者は、高等学校を卒業した者または法令によりこれと同等以上の学力があると認定された者とする。

②大学院の碩士学位課程と碩士学位および博士学位課程が統合された課程に入学することができる者は、学士学位を有している者または法令によりこれと同等以上の学力があると認定された者とする。

③大学院の博士学位課程に入学することのできる者は、碩士学位を有する者または法令によりこれと同等以上の学力があると認定された者とする。

第三四条（学生の選抜）①大学（産業大学・教育大学・専門大学および遠隔大学を含み、大学院大学を除外する）の長は、第三三条第一項の規定による資格がある者の中から一般選考または特別選考により入学を許可する学生を選抜する。

②第一項の規定による一般選考および特別選考の方法、学生選抜の日程およびその運用に関して必要な事項は大統領令で定める。

③教育教育科学技術部長官は、入学選考資料として活用するために、大統領令が定める試験を施行することができる。

④第三項の規定による試験で不正行為をした者に対しては、当該試験を無効とし、当該試験の実施期日が属する年度の次の年度の一年間、試験の受験資格を停止する。但し、試験の公正な管理のため禁止している物品の所持または搬入、監督官指示事項の不履行等、教育科学技術部長官が定める軽微な不正行為をした者に対しては受験資格を停止しない。〈改正二〇〇八年二月二九日〉

⑤第四項の規定により受験資格が停止中の者は、その期間中は第三項の規定による試験を受けることはできない。〈新設二〇〇五年一一月二二日〉
⑥第四項の規定により受験資格が停止された者が、停止期間終了後、第三項の規定により受験しようとする場合には、教育科学技術部長官が定めるところにより、二〇時間以内の人性教育（訳注：人間性教育）を履修しなければならない。〈新設二〇〇五年一一月二二日、改正二〇〇六年七月一九日〉
第三五条（学位の授与）①大学（産業大学・教育大学を含み、大学院大学を除外する）で学則が定める課程を履修した者に対しては学士学位を授与する。
②大学院で学則が定める課程を履修した者に対しては、該当課程の硕士学位または博士学位を授与する。
③硕士学位および博士学位の課程が統合された課程を中途退学した者で、学則が定める硕士学位の授与基準を充足したものに対しては硕士学位を授与することができる。
④博士学位課程がある大学院をおく学校では、名誉博士学位を授与することができる。
⑤学位の種類および授与に関し必要な事項は大統領令で定める。
第三六条（時間制登録）①大学（産業大学、専門大学および遠隔大学を含む）は第三三条第一項の入学資格がある者を時間制で登録し、当該大学の授業を受けさせることができる。
②第一項の規定により時間制で登録することのできる者の選抜方法および登録人員等に関しては大統領令で定める。

第二款　産業大学

第三七条（目的）　産業大学は産業社会で必要とされる学術または専門的知識・技術の研究と訓練のため

の教育を継続的に受けようとする者に高等教育機会を提供し、国家と社会の発展に寄与する産業人材を養成することを目的とする。

第三八条（授業年限）　産業大学の授業年限および在学期間はおのおのこれを制限しない。

第三九条（教科目履修の認定）　産業大学（専門大学を含む）は、学則の定めるところにより、別の学校・研究機関または産業体などで行なわれた教育・研究または実習等を、特定した教科目の履修として認定することができる。

第四〇条（産業体委託教育）　①産業大学（専門大学・遠隔大学を含む）は、産業体（産業体を構成員とする団体を含む）から委託を受け教育を実施したり、産業体に委託して教育を実施することができる。〈改正二〇〇七年一〇月一七日〉

②第一項の規定による産業体委託教育に関し必要な事項は大統領令で定める。

第四〇条の二（産業大学を廃止し大学を設立する場合の特例）　本法施行当時、産業大学を設置・経営する国家または学校法人が、産業大学を廃止し大学を設立しようとする場合、その施設・設備等設立基準に対して、大統領令で定める特例要件を満たしていなければならない。〈新設二〇〇八年三月二八日〉

## 第三節　教育大学等

第四一条（目的）　①教育大学は初等学校の教員を養成することを目的とする。

②大学の師範学部（訳注：原語は「師範大学」、以下同様）は、中等学校の教員を養成することを目的とする。

③大学では特別に必要がある場合には、大統領令が定めるところにより、教員の養成を目的とする教

育科（以下「教育科」とする）をおくことができる。

第四二条（教育大学の設立および授業年限）①教育大学は国家または地方自治団体が設立する。

②教育大学の授業年限は四年とする。

第四三条（総合教員養成大学）①国家および地方自治団体は特別な必要がある場合には、大統領令が定めるところにより、教育大学および師範学部の目的を同時に遂行できる人学（以下「総合教員養成大学」とする）を設立することができる。

②法令に特別の規定がある場合を除いては、この法律中、教育大学に関する規定は総合教員養成大学の場合にこれを準用する。

第四四条（目標）教育大学・師範学部・総合教員養成大学および教育科の教育は、その設立目的を実現するために、在学生が次の各号の目標を達成するようにしなければならない。

1．教育者としての確固とした価値観と健全な教職倫理をもたせるようにする。

2．教育の理念とその具体的実践方法を体得させるようにする。

3．教育者としての資質と力量を生涯を通じて自ら伸張させるための基礎を確立させるようにする。

第四五条（附属学校）①教育大学・師範学部および総合教員養成大学には、次の各号の区分にしたがって、在学生の現場教育および実習をするための学校を付設する。

1．教育大学：初等学校

2．師範学部：中学校および高等学校

3．総合教員養成大学：初等学校・中学校および高等学校

②第一項の規定にもかかわらず特別な事情がある場合には、国・公・私立の初等学校・中学校・高等学

校および特殊学校を附属学校として代用することができる。
③教育大学・師範学部および総合教員養成大学に必要とする場合、第一項の規定による附属学校以外に、幼稚園・初等学校および特殊学校を付設することができる。
④教育大学、国・公立師範学部および総合教員養成大学に付設する幼稚園・初等学校・中学校および高等学校には、特殊教育を必要とする学生のための特殊学級をおく。〈新設二〇〇五年一一月八日〉
⑤第四項の規定により、特殊学級の設置基準は「障害者等に対する特殊教育法」第二七条による。〈新設二〇〇七年五月二五日〉
第四六条（臨時教員養成機関）　教育科学技術部長官は教員の需要・供給上、短期間での教員養成が必要な場合には、大統領令が定めるところにより、臨時教員養成機関および臨時教員研修機関を設置したり、その設置を認可することができる。〈改正二〇〇八年二月二九日〉

## 第四節　専門大学

第四七条（目的）　専門大学は社会各分野に関する専門的知識と理論を教授・研究し、才能を練磨し国家社会の発展に必要な専門職業人を養成することを目的とする。

第四八条（授業年限）　①専門大学の修業年限は二年ないし三年とする。但し、授業年限を三年とする場合は大統領令で定める。
②学則が定める単位以上を取得した者に対しては、第一項の規定にかかわらず大統領令が定めるところにしたがって授業年限を短縮することができる。〈新設二〇〇二年八月二六日〉
第四九条（専攻深化課程）　専門大学に専門大学を卒業した者の継続教育のために、大統領令が定めると

ころにより専攻深化課程を設置・運営することができる。

第五〇条（学位の授与）①専門大学で学則が定める課程を履修した者に対しては、専門学士学位を授与する。

②専門学士学位の種類および授与に関して必要な事項は大統領令により定める。

第五〇条の2（専攻深化課程に対する学位授与）①第四九条により専攻深化課程に入学し、学則が定めた課程を履修した者には、学士学位を授与することができる。

②第一項により学士学位が授与される専攻深化課程を設置・運営しようとする者は教育科学技術部長官の認可を受けなければならない。〈改正二〇〇八年二月二九日〉

③第一項により専攻深化課程に入学することのできる者は、同一系列の専門大学を卒業した者で、関連分野に在学した経歴がある者とする。

④第一項から第三項間での学士学位の種類と授与に関し必要な事項、認可の基準、入学資格に関する具体的事項などは、大統領令で定める。〈条新設二〇〇七年七月一三日〉

第五一条（編入学）専門大学を卒業した者または法令によりこれと同等以上の学力があると認定された者は、大学・産業大学または遠隔大学に編入学することができる。〈改正二〇〇七年一〇月一七日〉

## 第五節　遠隔大学

第五二条（目的）　遠隔大学は国民に情報・通信媒体を通じて遠隔教育により高等教育を受ける機会を付与し、国家と社会が必要とする人材を養成すると同時に、開かれた学習社会を具現しつつ生涯教育の発展に寄与することを目的とする。〈改正二〇〇七年一〇月一七日〉

第五三条（遠隔大学の課程および授業年限） ①遠隔大学には大統領令が定めるところにより専門学士学位課程および学士学位課程をおくことができる。〈改正二〇〇七年一〇月一七日〉
②放送大学・通信大学・放送通信大学の専門学士学位課程の授業年限は二年とし、学士学位課程の授業年限は四年とする。〈改正二〇〇七年一〇月一七日〉
③サイバー大学の専門学士学位課程の授業年限は二年以上とし、学士学位課程の授業年限は四年とする。〈改正二〇〇七年一〇月一七日〉
第五四条（学位の授与） ①遠隔大学の学士学位課程において、学則が定める課程を履修した者に対しては学士学位を授与する。〈改正二〇〇七年一〇月一七日〉
②遠隔大学の専門学士学位課程において、学則が定める課程を履修した者に対しては、専門学士学位を授与する。〈改正二〇〇七年一〇月一七日〉
③第一項および第二項の規定による学位の種類および授与に関して必要な事項は大統領令で定める。

## 第六節 技術大学

第五五号（目的） 技術大学は産業体勤労者が産業現場で専門的知識・技術の研究・訓練のための教育を継続して受けることができるようにすることにより、理論と実務能力を共に備えた専門人材を養成することを目的とする。

第五六条（技術大学の課程および授業年限） ①技術大学には専門学士学位課程および学士学位課程をおく。
②第一項の規定による各課程の授業年限はおのおの二年とする。

第五七条（入学資格）　①技術大学の専門学士学位課程に入学することができる者は、高等学校を卒業した者または法令によりこれと同等以上の学力があると認定された者で、大統領令が定める一定期間以上、産業体に勤務している者とする。
②技術大学の学士学位課程に入学することのできる者は、専門大学を卒業した者または法令によりこれと同等以上の学力があると認定された者で、大統領令が定める一定期間以上、産業体に勤務している者とする。
③技術大学の学生は、第一項および第二項の規定による資格がある者の中から選抜するが、その選抜方法は大統領令が定めるところにより学則で定める。
第五八条（学位の授与）　①技術大学の専門学士学位課程に入学し学則が定める課程を履修した者に対しては、専門学士学位を授与する。
②技術大学の学士学位課程に入学し、学則が定める過程を履修した者に対しては、学士学位を授与する。
③第一項および第二項の規定による学位の種類および授与に関して必要な事項は大統領令で定める。

## 第七節　各種学校

第五九条（各種学校）　①各種学校とは第二条第一号ないし第六号の一の学校と類似した教育機関を言う。
②各種学校は第二条第一号ないし第六号の学校と類似した名称を使用することはできない。
③教育科学技術部長官は国立各種学校の設立・運営に関する権限を大統領令が定めるところにより中

央行政機関の長に委託することができる。〈改正二〇〇八年二月二九日〉

④第三五条第一項・第五項および第五〇条の規定は、大学および専門大学に準ずる各種学校中、上級学位課程への入学学力が認定された学校で教育科学技術部長官の指定を受けた各種学校の場合には、これを準用する。〈改正二〇〇八年二月二九日〉

⑤各種学校に関しその他必要な事項は教育科学技術部令で定める。〈改正二〇〇八年二月二九日〉

## 第四章　補則および罰則

第六〇条（是正または変更命令）①教育科学技術部長官は学校が施設・設備・授業および学事その他の事項に関し教育関係法令またはこれによる命令や学則に違反した場合には、期間を定めて学校の設立・経営者または学校の長にその是正または変更を命じることができる。〈改正二〇〇八年二月二九日〉

②教育科学技術部長官は第一項の規定による是正または変更命令を受けた者が、正当な事由なく指定された期間内にこれを履行しない場合には、大統領令が定めるところによりその違反行為を取止めまたは停止させ、当該学校の学生定員の削減、学科の廃止または学生の募集停止等の措置を取ることができる。〈改正二〇〇八年二月二九日〉

第六一条（休校および休校命令）①教育科学技術部長官は、災害等の緊急な事由により正常な授業が不可能と認定した場合には、学校の長に休校を命じることができる。〈改正二〇〇八年二月二九日〉

②第一項の規定による命令を受けた学校の長は、遅滞なく休業しなければならない。

③教育科学技術部長官は、学校の長が第一項の規定による命令にもかかわらず休業しない場合、または特別に緊急な事由がある場合には休校処分とすることができる。〈改正二〇〇八年二月二九日〉

④第一項および第二項の規定により休業休校とされた学校は、休業期間中、授業と学生の登校が停止され、第三項の規定により休業とされた学校は休校期間中、単純な管理業務を除いて学校のすべての機能は停止させられる。

第六二条（学校等の閉鎖）①教育科学技術部長官は、学校が次の各号の一に該当し正常な学事運営が不可能な場合には、当該学校の学校法人に対して学校の閉鎖を命令することができる。〈改正二〇〇八年二月二九日〉

1．学校の長または設立・経営者が故意または重過失により、本法または本法による命令に違反した場合

2．学校の長または設立・経営者が、本法またはその他教育関係法令による教育科学技術部長官の命令に数回にわたり違反した場合

3．休暇期間を除いて、継続して三ヶ月以上授業をしなかった場合

②教育科学技術部長官は、第四条第二項の規定による学校設立認可または第二四条の規定による分校設置認可を受けないで学校の名称を使用したり、学生を募集して施設を事実上学校の形態として運営したりした者に対しては、その施設の閉鎖を命令することができる。〈改正二〇〇八年二月二九日〉

第六三条（聴聞）　教育科学技術部長官は、第六二条第二項の規定により学校またはその施設などの閉鎖を命じようとする場合には、聴聞を実施しなければならない。〈改正二〇〇八年二月二九日〉

第六四条（罰則）①次の各号の一に該当する者は、三年以下の懲役または三千万ウォン以下の罰金に処する。

1．第四条第二項の規定による学校設立認可または第二四条の規定による分校設置認可を受けず学校

の名称を使用したり、学生を募集して施設を事実上学校の形態として運営したりしている者
2．第四条第三項の規定に違反し廃止認可または変更認可を受けていない者
3．故意その他不正な方法により、第四条第二項または第四条第三項の規定による学校の設立認可、廃止認可または変更認可を受けたり、第二四条の規定により分校設置認可を受けたりした者
②次の各号の一に該当する者は一年以下の懲役または五〇〇万ウォン以下の罰金に処す。
1．第六〇条第一項の規定による命令に違反した者
2．第六二条第一項の規定による命令に違反した者
3．第三三条および第五七条の規定に該当しない者に入学を許可した者
4．第三五条第一項（第五九条第四項の規定により準用される場合を含む）ないし第三項、第五〇条第一項（第五九条第四項の規定により準用される場合を含む）、第五四条第一項・第二項または第五八条第一項・第二項の規定に違反し学位を授与した者

**附則**（一九九七・一二・一三、法律第五四三九号）
第一条（施行日）　この法律は一九九八年三月一日から施行する。
第二条〜第一二条　省略（訳注：旧法＝教育法からの経過措置に関する規定）

**【筆者解説】**

高等教育法の成立の背景を簡単に記しておく。韓国の教育関係法は、建国後一貫して憲法（教育条項）および教育法（一九四九年制定）を基本に体系化されてきた。ところが文民政権誕生（一九九三年）を契

機に、多様化・複雑化する国民の教育要求に迅速に対応するため、教育法体系を再構築することの必要性が提起されて、一九九七年一二月一三日付けで、これまでの教育法を、『教育基本法」「初・中等教育法」「高等教育法」に再編することになった。韓国の高等教育は、ここに翻訳した高等教育法と、高等教育法施行令（一九九八年二月二四日大統領令第一五六六五号、二五次改正二〇〇九年一月一六日、大統領令第二一二六五号）を中心に、関係法令が整備され今日にいたっている。

## 【付録－3】高等教育改革略年表（一九九〇～二〇〇九）

| ［年］ | ［高等教育関連事項］ | ［一般事項］ |
|---|---|---|
| 一九九〇 | ・独学学位制度の法制化<br>・文教部を教育部に改称<br>・教育大学・師範大学の入学定員削減<br>・教員採用における国立師範大学卒業生優遇に違憲判決 | ・ソ連と国交樹立（九月三〇日） |
| 一九九一 | ・理工系定員拡充四ヶ年計画（一六、〇〇〇名増員）<br>・ソウル大学総長、直接選挙制により選出<br>・教員の地位向上に関する特別法制定<br>・世界銀行（ＩＢＲＤ）から大規模教育借款導入 | ・国連加盟（北朝鮮も加盟：九月一八日） |
| 一九九二 | ・大学入学定員を学部定員から大学総定員制に変更<br>・ソウル大学を研究中心大学院大学に育成する方針確定<br>・ソウル大学入試における「日本語」（第二外国語）除外に合憲判決 | ・中国と国交樹立（八月二四日） |
| 一九九三 | ・大学学事行政の大幅自由化（教育課程編成）<br>・私立大学に対する国庫補助大幅増額決定 | ・金泳三第一四代大統領就任（二月二五日）<br>・大田世界博覧会開催（八月七日） |

| | | |
|---|---|---|
| | ・大学院大学（独立大学院）設立認可方針決定（一九九五年度から） | |
| 一九九四 | ・大統領諮問「教育改革委員会」発足<br>・「大学入学学力考査」を廃止し、「大学修学能力試験（「修能」）」に転換<br>・首都圏人文系学生定員増員許可（一九九六年度から）<br>・学科別入学定員廃止、学期・学点（単位）規制撤廃<br>・専門大学に「大学修学能力試験」適用 | |
| 一九九五 | ・教育改革委員会最終報告（「新教育体制樹立のための教育改革案」）発表<br>・大学総合評価認定制（韓国大学教育協議会）実施<br>・大学の編入学・転学科定員の大幅緩和<br>・教育規制緩和委員会（教育部）発足 | |
| 一九九六 | ・大学設立基準緩和（準則主義適用）<br>・各大学・大学憲章制定義務化<br>・専門大学入学定員、一五、〇〇〇名増員<br>・教育改革委員会第二次報告（「職業教育・教育課程改革等」）発表 | ・ＯＥＣＤに加盟（一二月一二日） |
| 一九九七 | ・専門大学卒業生に「専門学士」の称号授与 | ・通貨危機（ＩＭＦに支援要請） |

| | | |
|---|---|---|
| 一九九八 | ・地方大学特性化事業推進基本計画策定<br>・ＯＥＣＤ韓国教育政策審査会議（ソウル）<br>・高等教育法制定<br>・「学部制」導入決定<br>・専門大学・産業大学の校名（呼称）自由化措置<br>・大統領諮問「新教育共同体委員会」発足<br>・韓国放送通信大学に碩士課程新設<br>・二〇〇二年度より「大学無試験制（個別大学入試撤廃）」導入決定 | ・金大中第一五代大統領就任（二月二五日）<br>・金大中大統領来日（九月二二日、未来志向の日韓共同宣言） |
| 一九九九 | ・教員労組法、国会通過<br>・ソウル大学、学部定員三〇％削減受諾<br>・「頭脳韓国二一世紀事業（ＢＫ21）」発足（二〇〇五年までの七ヶ年計画） | |
| 二〇〇〇 | ・「課外禁止」に対し違憲判決<br>・「国立大学発展法案」公表<br>・新教育共同体委員会「最終報告書」公表 | ・金大中大統領北朝鮮訪問（六月一三日）南北共同宣言<br>・金大中大統領ノーベル平和賞受賞（一〇月一三日） |
| 二〇〇一 | ・教育部を教育人的資源部に改称 | ・仁川国際空港開港（三月二九日） |

| | | |
|---|---|---|
| | ・「医科専門大学院（メディカル・スクール）導入案」確定<br>・専門大学一二六校が三年制に転換 | |
| 二〇〇二 | ・ソウル大学、新任教員に対して教授年俸制（勤務期間・給与等を契約）導入<br>・首都圏の国立大学の入学定員削減（高校卒業生の減少に伴う措置）<br>・国内経済特区に外国人による初等・中学校・高等学校・大学の設立と内国人入学を全面認可 | ・日韓ワールドカップ開催（五月）<br>・第一四回釜山アジア大会（九－一〇月） |
| 二〇〇三 | ・ソウル大学二〇〇五年度入試より、地域割当制で最大三〇％選抜<br>・延世大学、非定年保証教授を初めて雇用<br>・大統領直属・教育革新委員会発足<br>・教育人的資源部、統廃合（M＆A）による大学教育改革推進 | ・盧武鉉第一六代大統領就任（二月二五日）<br>・第二二回夏期ユニバーシアード・大邱（八月） |
| 二〇〇四 | ・師範学部卒業生への加算点制度廃止決定<br>・二〇〇八年度より薬学部六年制に転換<br>・教授再任用の際の審議義務化 | |

| | | |
|---|---|---|
| 二〇〇五 | ・私立大学自己監査請求制導入<br>・国内・国外大学共同学位授与を認可<br>・二〇〇七年までに、国立大学五〇校を三五校に統廃合、入学定員も二〇〇九年までに一五％削減を決定<br>・医学部の学士編入学を二〇〇七年度から廃止<br>・修学能力試験不正行為者に一年間の入試資格制限措置 | ・清渓川復元（九月）<br>・黄禹錫教授ＥＳ細胞論文捏造事件（一二月二三日） |
| 二〇〇六 | ・仁川大学、二〇〇九年度より公立大学法人に転換決定<br>・三年以上入学定員未充足の国立大学の学科は廃止を決定<br>・二〇〇七年度より、専門大学の三年制学科の設置自由化<br>・大学寄付金募金結果、延世大学・高麗大学が一位 | ・韓明淑総理（女性初）誕生（四月二〇日） |
| 二〇〇七 | ・教育革新委員会「未来の教育ビジョンと戦略案」公表<br>・生涯教育法全面改正（生涯教育振興基本計画：五ヶ年計画作成の義務化）<br>・人文韓国（ＨＫ：Humanities Korea）事業開始 | ・盧武鉉大統領北朝鮮訪問、南北首脳会談（一〇月二日） |

| | | |
|---|---|---|
| | ・教育人的資源部「国立大学法人化に関する法案」国会に提出 | |
| 二〇〇八 | ・新政府（李明博大統領）教育人的資源部を教育科学技術部に改組・改称<br>・世界水準の研究拠点大学（ＷＣＵ）育成事業の最終選考結果公表（一三一プログラム採択）<br>・留学生一〇万人受け入れ計画（Study Korea Project: 2008-2012）策定 | ・李明博第一七代大統領就任（二月二五日）<br>・南大門（国宝第一号）放火により焼失（二月一〇日） |
| 二〇〇九 | ・韓国奨学財団設置法制定<br>・法科大学院二五校開校<br>・「大学・専門大学の教育力向上事業」開始（ＮＵＲＩ事業の代替事業）<br>・大学総合評価認定制に代わる新大学評価制開始<br>・「二〇〇九年度国立大学構造改革の推進計画」公表 | |

【注】韓国教育新聞社『韓国教育年鑑』各年版より、筆者作成

# あとがき

いまや韓国の教育は、大学入試（大学修学能力試験）や深夜の塾通い、子どもの早期欧米留学や英才教育の国家的プロジェクトにいたるまで、日本のマスメディアでも取り上げられており話題に事欠かない。ＯＥＣＤ学力調査（ＰＩＳＡ）における好成績や大学進学率の高さ（二〇〇八年度：八六％）は、「日本の先を行く」教育大国として世界的にも注目を集めている。

ところが韓国教育のこのようなダイナミックな動きの全貌は意外に知られていないのではなかろうか。とりわけこの十年、日本でも話題になってきた大学改革についてみると、欧米の動向を紹介する論文や書物はあっても、韓国の大学改革を体系的に論じたものは寡聞にして知らない。筆者自身も、韓国高等教育史に関する学術書（例えば、『韓国近代大学の成立と展開——大学モデルの伝播研究』名古屋大学出版会、二〇〇五年）は出版しているが、世界が注目している最近の韓国の大学改革については、折々に頼まれ書いた小論の類は別にして、一冊にまとまったものは書いていない。そこで本書の中でも触れたように、世紀の変わり目（二〇〇〇－二〇〇一年）にソウル大学に客員教授として滞在した頃に思いを馳せ、それから今日までの約十年間に焦点を当てた韓国大学改革論をまとめてみることを思いたったのである。

そのような意図を旧知の東信堂社長・下田勝司氏に話したのは三年くらい前であったと記憶する。その時氏は大いに関心を示してくださり、書名のヒントまで下さったのである。本書の題名(「韓国大学改革のダイナミズム」)は、まさにその時にいただいたアイディアであり、それに筆者が副題をそえたような次第である。当初はすぐにでも出版する予定で準備を開始し、大半は書き終えていたのであるが、その後筆者の体調不良も重なり、一時諦めかけていた。それから二年くらい経ったある日、お見舞いくださった下田氏から、「無理のない範囲で進めてください」とさりげなく背中を押してくださったのである。改めて氏のご配慮に感謝申し上げたい。

実は、原稿執筆が頓挫している間に、韓国では二〇〇八年二月に李明博大統領が誕生し、大学改革についても次々と新しい政策展開が始まっていた。そこでこれまで書いておいたものに新政権の主要な高等教育政策を加筆することにした。最新の動向を知りたい読者の方には、多少の情報の提供ができたのではないかと考えている。

各章の元になる小論は、以前に高等教育誌(例えば「IDE：現代の高等教育」、「カレッジマネジメント」)や新聞原稿(「教育学術新聞」)として書いたもの、さらには筆者自身の調査報告書等に拠っているが、その後大幅に書き直したので、いちいち初出論文を明示することはせず、各章の参考文献のなかに列挙しておいた。最初に執筆の機会を与えてくださった関係者には感謝を申し上げたい。なお、付録として「高等教育法」（翻訳）と自作の大学改革略年表を収録しておいたので、参考にしていただければ幸いである。

末筆ながら、私の韓国での高等教育調査に対し、いつも献身的にご協力いただいた韓国の同僚諸氏、特に李大淳（元逓信部長官・韓国大学総長会議理事長）、尹正一（ソウル大学名誉教授）、金基奭（ソウル大学教授）、韓龍震（高麗大学教授）、白永端（延世大学教授）、玄京錫（韓瑞大学教授）、李鎮石（教育科学技術部人事課長）の各氏には、深甚なる感謝の気持ちを表したい。

二〇一〇年二月

馬越　徹

〔さ行〕

# 索　引

1. 韓国人名は原則として省き、大統領経験者のみ原音（ルビ）で取り入れた。
2. 大学名（漢字）は音読で配列した。

## 〔あ行〕



## 〔か行〕

## 著者略歴

馬越　徹 (Umakoshi Toru)
桜美林大学教授 (大学院国際学研究科)

略歴：広島大学教育学部 (教育学科) 卒業、同大学院教育学研究科 (博士課程) 中退、九州大学教育学部助手 (比較教育文化研究施設)、文部省大臣官房調査課事務官、広島大学・大学教育研究センター助教授、名古屋大学大学院教授(教育発達研究科)を経て現職。博士(教育学、名古屋大学)、名古屋大学名誉教授。日本比較教育学会会長 (2001-2004) 歴任。

主著：『現代韓国教育研究』(高麗書林、1981)、『韓国近代大学の成立と展開—大学モデルの伝播研究』(名古屋大学出版会、1995)。編著として、『現代アジアの教育』(東信堂、1989)、『アジア・オセアニアの高等教育』(玉川大学出版部、2004)、『アジア・太平洋高等教育の未来像』(東信堂、2005)、『比較教育学—越境のレッスン』(東信堂、2007)、*Asian Universities: Historical Perspectives and Contemporary Challenges* (Edited by Philip G. Altbach & Toru Umakoshi, The Johns Hopkins University Press, 2004) 等。

訳書：『アジアの大学』(P.G. Altbach & V. Selvaratnam 編：馬越徹・大塚豊監訳、玉川大学出版部、1993)、『比較高等教育論—「知」の世界システムと大学』(P.G. Altbach 著：馬越徹監訳、玉川大学出版部、1993)、『比較教育学の理論と方法』(Jürgen Schriewer 編：馬越徹・今井重孝監訳、東信堂、2000)、『比較教育学—伝統・挑戦・新しいパラダイムを求めて』(Mark Bray 編：馬越徹・大塚豊監訳、東信堂、2005)。『ヨーロッパの高等教育改革』(Ulrich Teichler 著：馬越徹・吉川裕美子監訳、玉川大学出版部、2006)。

**韓国大学改革のダイナミズム——ワールドクラス (WCU) への挑戦**

2010年4月20日　初　版第1刷発行　〔検印省略〕

定価はカバーに表示してあります。

著者©馬越徹／発行者 下田勝司　印刷・製本／中央精版印刷

東京都文京区向丘1-20-6　郵便振替00110-6-37828
〒113-0023　TEL (03) 3818-5521　FAX (03) 3818-5514　発行所 株式会社 東信堂
Published by TOSHINDO PUBLISHING CO., LTD.
1-20-6, Mukougaoka, Bunkyo-ku, Tokyo, 113-0023, Japan
E-mail : tk203444@fsinet.or.jp http://www.toshindo-pub.com

ISBN978-4-88713-986-2 C3037 

## 東信堂

|  |  |  |
|---|---|---|
| グローバルな学びへ―協同と刷新の教育 | 田中智志編著 | 二〇〇〇円 |
| 教育の共生体へ―ボディエデュケーショナルの思想圏 | 田中智志編 | 三五〇〇円 |
| 人格形成概念の誕生―近代アメリカの教育概念史 | 田中智志 | 三六〇〇円 |
| 社会性概念の構築―アメリカ進歩主義教育の概念史 | 田中智志 | 三八〇〇円 |
| 教育の自治・分権と学校法制 | 結城忠 | 四六〇〇円 |
| ミッション・スクールと戦争―立教学院のディレンマ | 老川慶喜・前田一男編 | 五八〇〇円 |
| 教育の平等と正義 | 大桃敏行・中村雅子・後藤武俊訳 K・ハウ著 | 三二〇〇円 |
| 教育制度の価値と構造 | 井上正志 | 四二〇〇円 |
| 学校改革抗争の100年―20世紀アメリカ教育史 | D・ラヴィッチ著 末藤・宮本・佐藤訳 | 六四〇〇円 |
| 国際社会への日本教育の新次元―今、知らねばならないこと | 関根秀和編 | 一二〇〇円 |
| フェルディナン・ビュイッソンの教育思想―第三共和政初期教育改革史研究の一環として | 尾上雅信 | 三八〇〇円 |
| ヨーロッパ近代教育の葛藤―地球社会の求める教育システムへ | 関啓子・太田美幸編 | 三二〇〇円 |
| 多元的宗教教育の成立過程―アメリカ教育と成瀬仁蔵の「帰一」の教育 | 大森秀子 | 三六〇〇円 |
| 文化変容のなかの子ども―経験・他者・関係性 | 高橋勝 | 二三〇〇円 |
| 教育的思考のトレーニング | 相馬伸一 | 二六〇〇円 |
| いま親にいちばん必要なこと―「わからせる」より「わかる」こと | 春日耕夫 | 二六〇〇円 |
| NPOの公共性と生涯学習のガバナンス | 高橋満 | 二八〇〇円 |
| 教育と不平等の社会理論―再生産論をこえて | 小内透 | 三二〇〇円 |
| オフィシャル・ノレッジ批判―保守復権の時代における民主主義教育 | M・W・アップル著 野崎・井口・小暮・池田監訳 | 三八〇〇円 |
| 新版 昭和教育史―天皇制と教育の史的展開 | 久保義三 | 一八〇〇〇円 |
| 地上の迷宮と心の楽園〈コメニウスセレクション〉 | J・コメニウス 藤田輝夫訳 | 三六〇〇円 |
| 〈現代日本の教育社会構造〉（全4巻）〈第1巻〉教育社会史―日本とイタリアと | 小林甫 | 七八〇〇円 |

〒113-0023 東京都文京区向丘 1-20-6　TEL 03-3818-5521　FAX03-3818-5514　振替 00110-6-37828
Email tk203444@fsinet.or.jp　URL:http://www.toshindo-pub.com/

※定価：表示価格（本体）＋税